Ulrich Magin

Sagen und Legenden aus der Pfalz

Impressum

Ulrich Magin
Sagen und Legenden aus der Pfalz

5. Auflage 2021

Regionalia Verlag,
ein Imprint der Kraterleuchten GmbH,
Gartenstraße 3, 54550 Daun

Titelbild: iStock.com/hfoxfoto
Illustrationen: iStock.com/VeraPetruk
Gestaltung, Satz, Umschlag: Björn Pollmeyer

Gedruckt auf feinstem Schleipen-Papier aus deutscher Herstellung
Hergestellt in der Europäischen Union, Finidr, CZ

ISBN 978-3-95540-170-2
www.regionalia-verlag.de

Ulrich Magin

Sagen & Legenden aus der Pfalz

REGIONALIA
VERLAG

Für meine Eltern,
die mir die Liebe zur Pfalz und zum Wandern mitgaben,

und für Susanne,
die mir schon so lange eine sagenhafte Zeit beschert.

Inhalt

Vorderpfalz und Haardt

Südpfalz

Einleitung

Gibt es eine typische Pfälzer Sage? Die Elwetritsche fallen ein oder die Weltachse von Waldleiningen, doch sind das beides augenzwinkernde moderne Schöpfungen (und dennoch in diesem Band enthalten).

Nein, die typische Pfälzer Sage, die jedem sofort einfällt, die gibt es nicht. So unterschiedlich wie die vielen Landstriche – von der Rheinebene über den Pfälzerwald und bis zu den Bruchlandschaften im Westen, von städtisch bis dörflich, katholisch und evangelisch geprägten Regionen –, so vielfältig und unterschiedlich sind auch die Sagen, die ich hier mit einem frischen Ansatz und vergnüglich aufbereitet für den heutigen Leser weitererzähle.

In unseren Sagen werden historische Ereignisse von der Ritterzeit bis ins 19. Jahrhundert verarbeitet, spielen einfache Leute die Hauptrolle, Herrschaften, Grafen und Ritter, geht es um die Jagd auf Hirsche, aber auch auf Fabelwesen wie Drachen oder die Schlangenkönigin, um Begegnungen mit Unholden und Gespenstern wie wilden Frauen und Hexen und Geistern.

Man darf dabei nie vergessen, dass Hexen, Monsterschlangen oder Gespenster für die Menschen früher ebenso real waren wie feindliche Horden oder räuberische Wölfe. Wir sehen das heute entspannter, selbst ein so gefährliches Dämonentier wie die Elwetritsche ist mittlerweile eher zum nationalen Kuscheltier geworden.

Somit spiegeln die Sagen nicht nur die Zeit, aus der sie erzählen, sondern auch die Zeit, in der sie erzählt werden. Wir glauben nicht mehr daran, dass Hexen Unwetter verursachen, wie sollen wir von einer Hexe erzählen, die einen Sturm entfacht? Doch nur noch aus zeitgenössischem Munde – ansonsten müsste der Erzähler ja stets betonen, dass es nie Hexen gab und man Frauen übel mitspielte! Andererseits gibt es auch zeitlose Motive: Mehr als eine Pfälzer Sage erzählt davon, wie ein Schatz gefunden wurde – und das interessiert uns heute noch, selbst wenn wir nicht mehr so arm sind wie die Pfälzer Bauern von einst.

Ein Letztes noch: Für dieses Buch habe ich auch moderne Stoffe genommen, wie etwa die Marienerscheinungen Ende der 1940er-, Anfang der 1950er-Jahre, die damals weite Kreise der Bevölkerung beschäftigten – denn schließlich erzählen viele Sagen von genau solchen übernatürlichen Dingen. Warum dann aber die Grenze – so wie in anderen Sammlungen – nach den Napoleonischen Kriegen ziehen? Diese Pfälzer Sagen jedenfalls schlagen einen Bogen von den ersten schriftlichen Aufzeichnungen im frühen Mittelalter bis unmittelbar an unsere Zeit heran.

Wichtig ist, dass es sich bei jeder dieser Sagen, selbst bei jenen, die sich auf jüngste reale Ereignisse beziehen, um künstlerische Nacherzählungen handelt und nicht um offizielle Protokolle, und dass deshalb überall das Quäntchen Fantasie zu finden ist, das eine Sage erst zu einer spannenden Erzählung macht.

Wichtig war mir vor allem, dass die Sagen lebendig und frisch klingen, mal verträumt, mal modern, immer aber spannend und dazu geeignet, weitererzählt zu werden.

Viel Vergnügen!

Ulrich Magin

Westpfalz

Irrlichter im
Landstuhler Bruch

»Wenn sich wässrige Feuchtigkeiten mit schweflichten Ausdünstungen vermengen«, so schrieb ein gelehrter Mann im Jahre des Herrn 1779, »so verhindert das Wasser, daß sich die schweflichten Dämpfe nicht auf einmal entzünden können: sondern sie verbrennen langsamer. Sie bewegen sich von dem geringsten Winde. Sie fliehen daher, wenn man sie verfolget; und folgen dem nach, der vor ihnen fliehet. Denn wenn man auf den Irrwisch (der gemeine Mann nennt ihn Lichtmann) losgehet, so stößt man die Luft beständig vor sich her, und der Irrwisch muß dieser Bewegung der Luft folgen; fliehet man aber vor ihm, so läßt man hinter dem Rücken immer einen luftleeren Raum. – Die Luft erfüllt denselben wieder, und da der Irrwisch ihrer Bewegung zu folgen genöthiget wird, so folget er dem nach, der vor ihm fliehet. Man sagt, daß sich die Irrwische nähern sollen, wenn man betet, und davon fliehen, wenn man fluchet. Hat dieses seine Richtigkeit; so geschiehet es aus keiner andern Ursache, als weil derjenige, welcher ängstlich betet, die Luft an sich ziehet; da der andere, welcher fluchet, dieselbe von sich stößt. Daß die Irrwische die Reisenden, wenn sie ihnen nachfolgen, in das Wasser oder in den Morast zu führen pflegen, ist gar wol möglich, weil sie gemeiniglich an morastigen Oertern angetroffen werden.«

So macht sich jede Zeit ihren Reim auf das, was sie nicht kennt – der Aufklärer von 1779 ebenso wie die frommen Menschen, die früher das Landstuhler Bruch besiedelten.

Dort sah man oft solche Irrlichter oder Irrwichte, kleine, tanzende Flämmchen über Pfützen und Moorflachen; das waren die Lichter der unerlösten Seelen, die dort auf ihren Retter warteten. Sie konnten, je nachdem, wer ihnen nun begegnete, helfen oder in die Irre führen. Dann lockten sie so lange, bis ein Mensch im Sumpf versunken war. Manch einer folgte einem Irrwisch, der sich immer weiter entfernte, bis der Mensch seiner Erschöpfung erlag. Gemeinhin aber harrten sie geduldig und halfen gewöhnlich gern, aber: Sie ließen sich auch nicht zum Narren halten! Von ihnen kündet so manche Geschichte und drei davon – es gibt ja viel mehr, und alle sind sie wahr – werde ich euch nun erzählen.

Einmal wässerte ein alter Mann seine Wiesen bei Mühlbach im Bruch. Es war schon Abend und die Dämmerung brach herein und der Mann hatte, weil es ihn so anstrengte, sein Tagewerk noch immer nicht vollendet. Da tanzte plötzlich auf der feuchten Wiese vor ihm ein kleines blaues Flämmchen und hüpfte bald hier-, bald dorthin.

»Wenn mir das Flämmlein leuchtete, ei das wär lustig und ich hätte meine Laterne und könnte wenigstens sicheren Schrittes nach Hause gehen«, dachte sich der Mann. Das alles geschah nämlich lange vor der Erfindung und Einführung der elektrischen Beleuchtung. Also wandte er sich an das flackernde, blasse Licht: »Irrwisch, wenn du mir nach Hause leuchtest, zahle ich dir vier Kreuzer.«

Das Flämmchen erlosch und flackerte gleich darauf auf seiner Schulter wieder auf und leuchtete ihm auf diese Weise den Weg zu seiner Tür. Doch kaum hatte der alte Mann seine Haustür erreicht, da sprang er schon in seine Stube, schlug die Tür zu und dachte sich: »Zu Hause bin ich und geben tu ich dir nichts.«

Das ließ sich der Irrwisch natürlich nicht gefallen. Immer wieder flog er gegen das Fenster, dass es nur so polterte und krachte, bis der Mann die Nerven verlor, mit zitternder Hand vier Kreuzer aus dem Beutel fischte und sie vorsichtig auf die Fensterbank legte. Kaum hatte er das getan, da waren die Münzen auch schon verschwunden – und mit ihnen der Irrwisch. Es ist, wie man sieht, zwar wichtig, einem Irrlicht nicht zu folgen, damit es einen nicht ins Verderben locken kann – aber es ist noch viel weniger richtig, die arme, leidende Seele zu necken oder sogar zu verspotten. Das bekam ein Mann aus Baalborn, heute ein kleines Dorf westlich der A 63 und nördlich von Kaiserslautern, am eigenen Leib zu spüren; und es fällt schwer, Mitleid mit dem Grobian zu finden.

Ein Baalborner jedenfalls sah auf den Lützwiesen Irrwische tanzen. Er wusste wohl, um was es sich handelte und welche Pein die armen Seelen auszustehen hatten, dennoch öffnete er das Fenster seines Hauses, lehnte sich hinaus und rief den Irrwischen zu:

»Errwisch, Errwisch, Hawwerstroh,

Dei armi Seel werd nimmer froh!«

Man sagt, das Leuchten eines Irrlichtes gleiche der Flamme, mit der Haferstroh verbrenne, daher der Reim: »Irrlicht, Irrlicht, Haferstroh / Deine arme Seele wird nie erlöst!«

Aber der Spott kam dem Manne schlecht zu stehen – plötzlich war seine Stube erfüllt von hellem und ganz eigentümlichem Licht, es knallte ganz fürchterlich und der Mann erhielt

eine Ohrfeige, die ihn zu Boden warf. Seitdem allerdings hat auch niemand mehr die Irrwische auf der Lützwiesen gesehen, denn seit diesem Tag sind sie dort verschwunden.

Es geht aber auch umgekehrt – und man wird die Irrwische nicht mehr los. Eines Tages
soll ein wackerer Fuhrmann aus Ransweiler bei Rockenhausen unterm Donnersberg unterwegs durch das Landstuhler Bruch zu seinem Heimatdorf gewesen sein. Er war ein armer
Mann, daher zogen nur zwei abgemagerte, dürre Klepper seinen morschen, alten Wagen.

Da brach ihm mit einem heftigen Kracks der Reihscheit, so heißt das Verbindungsholz
zwischen den Deichselbacken des Vorderwagens auf Pfälzisch. Wie es der Zufall – oder besser
gesagt: das Pech – so will, brach auch im selben Augenblick die Dämmerung herein, bald würde es finster sein und der Mann hätte keine Möglichkeit mehr, das Holz zu reparieren.

Wo das Unglück droht, da naht das Rettende auch. Auf dem Acker neben dem holprigen
Weg flammte nämlich gerade jetzt ein Irrwisch auf.

»Der könnte mir leuchten«, dachte der Fuhrmann und rief das Licht mit lauter Stimme
an: »Holla hopp!«

Da sprang der Irrwisch auf ihn zu und blieb in seiner Nähe, dass er bei gutem Licht und
in aller Ruhe seinen Reihscheit wieder in Ordnung bringen konnte.

Aber als er nun mit repariertem Wagen weiter nach Hause fahren wollte, da hockte sich
der Irrwisch neben ihn auf den Bock und wollte nicht mehr gehen. Jetzt bekam es der Fuhrmann, dem das Licht ja zunutze gewesen war, mit der Angst zu tun. Er versuchte, es mit der
Hand wegzuwischen, das aber gelang ihm nicht. Er bat es, doch fortzuflackern, aber das tat es
nicht. Schließlich hieb er mit der Peitsche auf es ein, bis ihn sein ganzer rechter Arm schmerzte, doch es ließ sich auch dadurch nicht vertreiben.

Als er endlich nach langen Stunden zu seiner Hütte kam, ließ er Pferd und Karre einfach
stehen, eilte ins Haus und schlug die schwere Tür hinter sich zu.

Am nächsten Morgen dann war der Irrwisch verschwunden.

Dabei hätte der Fuhrmann das Licht nur zu fragen brauchen: »Wie heißt du und was ist
deine Sünde gewesen?«, und dann für das Lichtlein ein »Vaterunser« und ein »Gegrüßet seist
du Maria« beten müssen, dann wäre diese arme Seele, die ihm doch Gutes getan hatte, vom
Fegefeuer erlöst gewesen.

Wie der Tabak zu seinem Namen kam

E s war einmal vor langer, langer Zeit, genauer vor mehr als dreihundertachtzig Jahren, da lag die Pfalz, und ganz besonders der Westrich, entvölkert und verheert. Denn die vielen Heere des Dreißigjährigen Krieges, mal der katholische Heerwurm, dann der schwedische, protestantische, waren über sie hinweggezogen, hatten sich ihr Essen geraubt und Arbeiter gepresst und Mägde und Weiber geholt, und es war nicht mehr viel übrig geblieben für die Pfälzer, die verschont worden waren.

Da stellte sich der Bauer Kunze Heinz, der nach wie vor im Landstuhler Bruch mit seinem Pflug die Erde aufbrach und ihr die karge Ernte abrang, auf eine Anhöhe und sah über seine Heimat. So weit der Kunze Heinz auch schauen konnte, überall lag das Land öd und leer, verlassen und brach.

Nur an einem Ort, ganz da unten, wo früher sich Getreide unter sanftem Wind gebeugt hatte, da stand ein Feld, bepflanzt mit den seltsamsten Früchten, die der Heinz noch nie zuvor gesehen hatte, über drei Meter hoch gewachsen und mit fußgroßen, knisternden Blättern – und sie leuchteten golden in der Sonne und raschelten geheimnisvoll im Wind.

Was das wohl sein mochte? Und wer hatte das angebaut? Ob er denn neue Nachbarn hatte? Und warum hatte er davon bisher nichts bemerkt?

»Das müsste doch mit dem Teufel zugehen!«, dachte sich der Heinz – und schwupp, mit gewaltigem Feuer und Rauch und einem Gestank wie aus tausend heißen Schwefelquellen stand plötzlich der Gehörnte vor ihm, den einen Pferdefuß keck vorgestreckt, die Schlangenzunge leckte über die Lippen und der Geißenschwanz wedelte aufgeregt.

»Na?«, fragte der Leibhaftige zuckersüß, denn der Teufel hat eine glockenhelle Stimme, verführerisch und lecker wie Honig, »hat Euch die Neugier gepackt?«

Und dann zupfte der schwarze Geselle mit den borstigen Haaren im Gesicht ein paar der reifen goldbraunen Blätter vom Stängel und legte sie, sorgsam darauf achtend, dass sie nicht knickten, in einen Korb, den er urplötzlich eingehängt unter dem angewinkelten rechten Arm trug.

Der arme Bauer sah's mit Neid, weil seine eigenen Felder dürr und kärglich vor sich hin welkten. Wie gerne hätte auch er etwas von diesem Kraut gehabt!

»Was ist das denn«, meinte er schließlich, nachdem er tief durchgeatmet und sich ein Herz gefasst hatte, »Ihr edler Herr im edlen Mantel, was Ihr da erntet?«

»Ach«, antwortete der Teufel, »das ist ein Kraut, das macht jeden reich, der es erntet. Man könnte gar von einer ganzen Industrie reden. Und es trägt so reiche Frucht, dass Ihr selbst dann, wenn Ihr alles verkauft und den Markt gesättigt habt, noch etwas für Euch übrig habt.«

Und er zog einen Beutel Schwarzer Krause aus der Tasche, stampfte mit dem Fuß auf den Boden, dass kleine blaue Flammen nur so lustig darauf tanzten, angelte eine selbst gedrehte Zigarette aus dem Päckchen, zündete sie an, lehnte sich zurück, zog an ihr und blies kleine blaue Kringel in die Luft. »Ah, tut das gut«, seufzte er dann und im Hintergrund spielte die Musik auf wie in einem Westernfilm.

Da konnte der Heinz nur mit großen Augen schauen.

»Weißt du was«, meinte nun der Teufel und tat mitleidig, wie er es immer macht, wenn er die Menschen umgarnen will, »mir fällt da gerade etwas ein.«

»Und was?«, fragte der Heinz, aber im selben Augenblick war ihm klar, dass er besser nicht gefragt hätte.

»Wenn du bis morgen Punkt Sonnenaufgang, aber auf die Sekunde genau, errätst, wie man dieses Kraut nennt, dann gehört das ganze Feld dir!« Und der Verführer lachte höhnisch. Er wusste ja, dass es noch nie zuvor eine solche Pflanze in diesem Land gegeben hatte, der arme Bauer also auf völlig verlorenem Posten stand.

»Und wenn nicht ...?«, stotterte kleinlaut der Heinz, dem nun das Herz in die Hose gerutscht war, wo es immer noch laut schlug, weil ihn der Reichtum lockte, den er verdienen könnte, wenn ...

»Wenn nicht, dann soll deine Seele mir gehören!« Da nickte der Heinz stumm, aber er lief traurig und freudig zugleich nach Hause zu seinem guten Weib. Auf dem Heimweg ging ihm erst so richtig auf, auf was er sich da eingelassen hatte. Wie sollte er denn je herausfinden, wie dieses Kraut hieß? Nun galt es wohl, Weib und Kind (und heimlich auch dem Kegel) ein »Behüt's Gott« zu sagen, ein letztes Gebetlein zu sprechen und morgen mit dem Herrn der Fliegen hinabzusausen in das feurige Kellergeschoss, das der bewohnte.

Also beichtete er seiner Frau, der guten Katharina, wen er getroffen und welche dumme Wette er mit dem Leibhaftigen abgeschlossen hatte. Doch Käthe war nicht lang betrübt.

»Ich weiß da was!«, meinte seine Frau, die gute Kätsche. Ohne noch ein weiteres Wort zu sagen, eilte sie aus der Kammer und in den Stall. Heinz durfte verblüfft mit ansehen, wie sich seine bessere Hälfte dort im Teer wälzte, dann eines der teuren Kissen aufschlitzte und sich in den herabregnenden Federn suhlte. Dann schlich sie sich auf Zehenspitzen aus dem Haus, schloss leise die Tür hinter sich und kroch hinaus auf das geheimnisvolle Feld des Gottseibeiuns.

Dort aber veranstaltete sie ein Hallodrio, wie es der Westrich noch nicht gesehen hatte. Sie schlug mit den Armen, dass die Federchen nur so von ihr stoben, gackerte wie ein Huhn, krähte wie ein Gockel und kreischte wie eine Krähe. Davon wurde selbst der Teufel wach, obwohl es noch arg früh war. Er stand auf, sah aus dem Fenster, erschrak und rannte zu seinem Acker. Er fuchtelte ganz fürchterlich mit den Armen, um das Riesenhuhn, das sich da anscheinend gerade über seine Pflanzen hermachte, zu verschrecken. Der Teufel ist ja böse, aber blöd.

»Ach geh fort, du dummes Huhn«, schrie er die Frau des Bauern an, »und friss mir meinen Duwak nicht!«

Da lief sie, so schnell ihre Füße sie tragen konnten, zurück zu ihrem Mann.

»Hör zu, Heinz«, brachte sie außer Puste gerade noch heraus, »ich weiß, wie das Kraut des Teufels heißt. Man nennt es Duwak!«

Der Bauer umarmte seine Frau. Solcherart gewappnet und innerlich gestärkt ging er – man kann fast sagen: schlenderte er – zu seinem mit dem Höllenfürsten verabredeten Treffpunkt. Gerade kam die Sonne aus ihrer Versenkung hervor und schob ihre ersten Strahlen flach über das Feld, sodass dem Bauern sein langer Schatten vorauseilte.

»Na«, rief ihm der Teufel schon von Weitem entgegen und er brüllte dabei und bog sich vor Lachen, »weißt du nun, wie mein Kraut heißt?« Dann grinste er von einer Bocksbacke zur anderen und fügte hinzu: »Drei Versuche hast du, mein Lieber!«

»Dann«, zögerte der Kunze Heinz, »nennt man das vielleicht Männerrauchenkraut?«

»Nein«, donnerte der Satan. »So nennt man es nicht.«

»Nennt man es dann«, begann Heinz erneut, noch zaghafter und zögerlicher im Ton, »das Blaurauchkringelausblasgewächs?«

»Nein, nein«, lachte der Teufel wieder, »auch so nennt man es nicht.« Und er grinste, wenn das überhaupt ging, noch breiter. »So, das waren zwei. Jetzt kommt dein dritter Versuch. Wenn du erneut danebenliegst, dann gehört deine Seele mir ...«

»Dann heißt das Kraut«, antwortete der Bauer, »dann heißt es wohl Duwak!«

Da hielt der Teufel mitten im Lachen inne und schrie voller Schmerzen auf, so laut, dass die Krähen, die ihn umflatterten, aufstoben und in alle Himmelsrichtungen davoneilten und der Schrei aus der Ferne widerhallte.

»Das kann nicht sein! Das darf nicht sein!« Und der Teufel trat mit dem Huf kräftig und voller Wut auf die Erde, dass es nur so staubte und Flammen daraus emporloderten und plötzlich die Luft nach Schwefel stank.

»Das hat dir ein anderer eingeblasen!«, schrie der böse Herr, hüllte sich in blauen Dunst und dann ging der Teufel an die Decke wie ein HB-Männchen und zischte durch den schönen blauen Pfälzer Himmel davon, wer weiß wohin. Die Zeitungen werden es uns schon verraten, der Teufel hat ja viel zu tun in dieser Welt.

Dem Kunze Heinz aber gehörte nun die erste Pfälzer Tabakplantage, und wenn auch seither der Duwak gescholten und geschimpft wurde, so hat er doch jahrhundertelang seinen Bauern ernährt und ihn reich gemacht. Daher war auch das Erste, was unser tapferer Landwirt tat, dass er sich erst einmal ein hübsches Zigarillo rollte, ein paar Züge daran tat und den blauen Duft in die wieder reine Westricher Luft blies.

Seit diesem Tage gehört das »Teufelskraut« den Menschen, aber sein Name verrät nach wie vor, welch böse Kraft es in die schöne Pfalz gebracht hat.

Die Sickinger Würfel

W er schon einmal auf dem Marktplatz von Landstuhl gewesen ist, vielleicht mit einem leckeren Eis in der Hand, dem sind sicher die drei gewaltigen Sandsteinblöcke aufgefallen, die dort aufeinandergetürmt stehen. Zum ersten Mal wurden sie 1821 beschrieben und 1904 auf ihren derzeitigen Platz gebracht. Besonders wenn das Licht der Sonne schräg auf die Steinbrocken fällt, kann man noch stark verwitterte Buchstaben erkennen sowie Gestalten, die ihre Arme ausbreiten. Moderne Forscher – in ihrer Nüchternheit – halten die Sandsteinquader für die Überreste von Grabdenkmälern aus der Römerzeit, eines für ein einheimisches keltisches Ehepaar, das andere für den Centurio Titus von der vierten Mainzer Legion.

Aber die einfachen Leute wissen besser, was es mit diesen Monolithen auf sich hat – das zeigt schon der wahre Name des Monuments, »Sickinger Würfel«.

Wir befinden uns am Vorabend der Belagerung der Burg Nanstein bei Landstuhl, wohin sich Franz von Sickingen nach seinem Feldzug gegen Trier zurückgezogen hat. Es ist Ende April 1523 und die frische Luft, die an der Burg vorbeistreicht, bringt den Geruch von Pulverdampf und Radschmiere mit sich, vom Schweiß unzähliger Männer, die mit ihren Pferden, Karren und Kanonen nach Landstuhl ziehen.

Und Franz, ein Hüne von Mann, sitzt an seinem schweren Tisch und sinnt nach über sein Leben. Was hat er nicht gesehen, was hat er nicht erlebt?

War er doch zuerst im Sold des Kaisers gestanden und hatte sich um ihn verdient gemacht, hatte dann, von der Geldnot getrieben, seine Dienste an den französischen König verkauft und für ihn mit 16000 Landsknechten und 7000 Reitern die lothringische Reichsstadt Metz für Frankreich eingenommen. Und er war gegen Worms gezogen, gegen Lothringen, gegen Hessen, gegen Frankfurt. So viele Namen, so viele Tote, so viel Dreck und Schweiß und Blut. Dann hatte er von der Lehre des Mönches Sankt Luther gehört und es war ihm aufgegangen, dass es die rechte Religion für einen deutschen Ritter war. Also hatte er für die Reformation gefochten.

Wie war er zum Helden des niedrigen Adels geworden, weil er die frechen Städte überfiel, etwa Straßburg und Köln, deren Bürger immer übermütiger und selbstherrlicher wurden – es blieb ja immer weniger für die kleinen Ritter, weil die Staaten so plötzlich ganz modern geworden waren, mit ihren Verwaltungen und Beamten. Man konnte mit dem Kaiser gar nicht mehr Mann zu Mann reden, bei einem Gläschen Wein. Und dann waren manche Städte und Regionen so starrsinnig, dass sie nicht dem Deutschen Luther folgten, sondern dem fremden Papst in Rom! »War ich denn ein Narr«, überlegte Franz, »als ich meinen Pfaffenkrieg begann, 1522, gegen das Kurfürstentum und Erzbistum Trier? Diese verstockten Papisten!«

Dieses Mal war es nicht wie früher gewesen, gegen die kleinen Städte, denen niemand half. Dieses Mal hatte der papsttreue Kurfürst gerufen und alle waren ihm zur Unterstützung geeilt – wer hätte das ahnen können? Da hatte Richard von Greiffenklau zu Vollrads, Kurfürst und Erzbischof von Trier, die Landesfürsten also zu Hilfe gerufen – wer hatte nicht früher alles schon um Hilfe gerufen? –, und er hatte sie tatsächlich erhalten.

»Aber schlimmer noch«, grübelte Franz, »war doch der Kaiser. Das kommt davon, dass man sich eben nicht mehr unterhalten kann mit ihm. Da lässt er verkünden, dass er mich nicht unterstützt in meiner gerechten Sache, er lässt ausrufen, dass er mich mit der Reichsacht belegt hat. Jetzt bin ich praktisch Freiwild!«

Franz von Sickingen blickte in die laue Frühlingsnacht. Das hatte er doch alles für den kleinen Mann getan, den Ritter, den das moderne Leben schon so weit überholt hatte, dass er nicht mehr wusste, wo eigentlich sein Platz war, für den Herrn schließlich, der im Himmel über alle wacht und der seinen Knecht Luther gerufen hat, um dem Papst entgegenzutreten, dem Ablassschacherer im welschen Land.

»Immerhin, so weit konnte ich dem Kurtrierer einheizen, dass ich ihm die Städte Blieskastel und St. Wendel abnahm, aber vor Trier hat er mich dann alt aussehen lassen. Da hockte ich im September 1522 mit meinen Mannen, doch die starken Mauern konnte ich nicht brechen. Dann kam der Winter. Als der Winter vorbei war, wer versammelte sich nicht alles bei meinem Gegner? Die Kurpfalz unter Ludwig dem Friedfertigen und die Landgrafschaft Hessen unter Philipp dem Großmütigen – welche Namen! Kamen und standen mir gegenüber mit ihren Kanonen und ließen mich davonrennen wie ein Hase vor der Übermacht der Jäger.«

Er zog die Luft ein und roch den Schweiß der vieltausend Männer. »So sei es denn«, seufzte er, »so bringt mir der morgige Tag den Kampf gegen den Feind aus Trier.«

Er schaute aus dem Fenster, wo sich der Wald vor seinen Augen bewegte, weil die Feinde Bäume fällten für die Belagerung. Er konnte die Axtschläge bis zu sich hören, hoch über dem Tale am Fenster seiner Burg. Als er sah, wie die Wipfel der Bäume wankten und dann fielen, als er die Säulen aus Rauch sah, die von den Lagerfeuern seiner Feinde nach oben stiegen, da fühlte er sich so alleine, als sei er der einzige Mensch auf dem Mond.

»Was wird der Tag wohl bringen?«, dachte er dumpf in sich hinein und dann griff er nach seinem Würfelbecher, und wie! Weil Franz von Sickingen solch ein Hüne war, war sein Würfelbecher so groß wie ein Brunnenschacht und er nahm die Würfel, und die waren so groß wie die schweren Sessel des Kaisers, und er steckte drei Würfel in den Becher und schüttelte ihn und rollte die Quader der Würfel über seinen großen, schweren Tisch. Und sie zeigten ihm kein Glück an.

»Auf ein zweites«, sagte Franz mit fester Stimme, packte die Würfel erneut in den Knobelbecher und rüttelte ihn, dass es im Tal donnerte wie bei den schlimmsten Unwettern.

Und wieder flogen die Würfel aus dem Becher auf die schwere Tischplatte aus Eiche, rollten und blieben liegen.

Und wieder zeigten sie keine glücksverheißende Zahl.

»Wieder nicht! Ein drittes Mal noch«, murmelte Franz sorgenvoll, »und dann ist es wohl entschieden.«

Und noch ärger als beim ersten und zweiten Mal rumpelte es, dass die Vögel aufstieben und das Vieh auf der Weide unruhig wurde, dann schleuderte Franz von Sickingen erneut die Würfel kullernd auf den Tisch. Und wieder kein Glück! Dreimal hatte er gewürfelt – und jedes Mal verhießen ihm die Würfel kein Glück.

»Das vermaledeite Glück!«, rief er da aus, packte die drei Quader und schleuderte sie mit einer einzigen heftigen, wutentbrannten Bewegung seiner Faust hinab ins Tal vor die Burg Nanstein – wo sie ja bis heute liegen.

Der Rest ist schnell erzählt. Die Würfel haben Franz von Sickingen nicht getrogen. Am nächsten Morgen schon prasselte die bis dahin ungesehene Zahl von über 600 Kanonenkugeln an einem einzigen Tag gegen seine Festung und Sickingen blieb keine andere Wahl, als nach zwei Tagen zu kapitulieren. Selbst verletzt – am 1. Mai hatte er genau hinter einer Schießscharte gestanden, als diese von einer Kanonenkugel getroffen wurde, das Mauerwerk nachgab, in sich zusammenstürzte und Franz unter sich begrub –, konnte er sich oder seiner Sache nicht mehr dienen. Die Mauerbrocken hatten ihm den Unterleib zerdrückt, er starb am 7. Mai 1523.

Das Volk behielt ihn in ehrender Erinnerung und sprach respektvoll von ihm als dem »Letzten Ritter«. Aber er gehörte zu einer aussterbenden Art, wie auch Burgen wie die Nanstein bald nach seinem Tode nicht mehr benötigt wurden. Sie erinnert heute noch an ihn in Lahnstuhl – sie und die Würfel, die Franz von Sickingen, der letzte Ritter des Heiligen Römischen Reiches Deutscher Nation, an seinem letzten Abend vor der Belagerung so wütend ins Tal schleuderte.

Die Wildfrau von Kusel

D er Hunne war ein wilder Kerl, das ist wohl klar, aber seine Frau, das Hunnenweib, das war noch viel wilder als er. Die Hunnenweiber hatten Haare nicht nur auf den Zähnen, sondern am ganzen Leib. Hätte es damals schon Beauty-Salons gegeben, ihr Betreiber hätte wohl ein Vermögen machen können.

Deshalb nannte man früher die wilden Frauen, die man überall in der Pfalz und ganz besonders in der Umgebung von Kusel antraf, auch Hunnenfrauen – so, als habe König Etzel, nachdem ihn der fränkische König bei der Schlacht auf den Katalaunischen Feldern vernichtend geschlagen hatte und er zurück nach Osten flüchtete, wilde Weiber auf dem gesamten Weg zurückgelassen.

Sei dies, wie es eben gewesen ist und wie heute niemand mehr genau sagen kann. Tatsache bleibt, dass es im Forst, genau dort, wo er am dichtesten ist, von wilden Weibern nur so wimmelte.

Eines der wildesten wilden Weiber hauste in einer gruftartigen Höhle auf der Steinalb zwischen Kusel und Ratsweiler. Sie war eine besonders kräftige Hunnenfrau, ungewöhnlich und erschreckend groß, muskelbepackt. Sie war auch ganz besonders wild und ungezähmt und wurde deshalb im gesamten Westrich nur die »Wildfrau« genannt.

Und »wild« bedeutete nicht nur »ungezähmt«, sondern richtig »wild« wie in »wilder Tiger«. Die Wildfrau war nämlich schwer bewaffnet und machte von ihren Waffen – wenn nötig – Gebrauch: Stets trug sie einen gezackten Krummdolch nach Hunnenart bei sich, dazu schwere Keulen, die sie grob aus Eichenstämmen geschnitzt hatte. Sie wollte, dass man sie allein ließ und nicht belästigte – wenn immer sich ein gewöhnlicher Mensch oder, was sie noch mehr aufbrachte, ein Mann näherte, schwang sie drohend ihre Knüppel und fletschte knurrend die Zähne, schoss aus ihren finsteren schwarzen Augen Blitze. Man konnte sie kaum erkennen, wenn sie im Wald jagte, denn sie trug schwere Umhänge aus Fell, als sei sie selbst ein wildes Tier, darüber fielen ihre langen schwarzen Kopfhaare, struppig, zottelig und verfilzt.

Sie ernährte sich nicht wie ein kultivierter Mensch, sondern roh von dem, was ihr der Wald schenkte, als Jägerin und Sammlerin. Sie aß Wurzeln, pflückte Beeren, zermahlte mit ihren breiten gelben Zähnen Esskastanien, verschmähte auch Aas nicht, das sie den Wölfen und Luchsen wegschnappte, jagte selbst einmal ein Reh und verschlang es ungebraten und ungekocht. Dann schlug sie so lange mit großen Steinen darauf, bis es ganz weich war. So unternahm sie lange Pirschgänge entlang dem Glan, dem Fluss der Gegend.

Gesehen wurde sie allerdings meist in der Nähe des Menschen. Ab und an nämlich bestahl sie die Dörfler, wenn der Winter außergewöhnlich hart war und sie sonst nichts zu fressen fand. Dann schlich sie sich zu den Wohnungen der normalen Menschen, stieg durch den Kamin und stopfte sich alles in den Mund, was sie finden konnte. Erwachte ein Mensch, wenn sie bei ihm eingebrochen hatte, dann sprang sie ihn mit dem lauten Schrei »Ho, ho, die Wildfrau is do!« an und verschwand augenblicklich durch ein Fenster oder wieder durch den Kamin.

Es ist kein Wunder, dass sie mit diesem Verhalten den Menschen Angst machte. Deshalb liefen Gerüchte um, sie ernähre sich auch von Menschenfleisch – besonders, wenn man eine Magd vermisste, die in den Wald gegangen und nie wieder zurückgekehrt war. Manchmal verschwanden auch Schafe von der Weide oder Schweine bei der Mast im Forst und auch dann gab man der Wildfrau die Schuld dafür. Wenn man dann einen Wolf fand, zerschmettert und mit ausgerissenen Gliedmaßen, dann war man sich sicher, dass das nur die Wildfrau mit ihrer ungebändigten Kraft gewesen sein konnte.

Die Menschen aus Kusel dachten über die Wildfrau so, wie wir Heutigen einen afrikanischen Gorilla betrachten: als irgendwie menschenähnliche, aber doch sehr entfernte Verwandte. Und natürlich verschwendeten sie keinen Gedanken an Artenschutz.

Eines Tages nun ging ein Kind zu seiner Großmutter, die in einer Hütte im Wald etwas abseits lebte, und kam nicht mehr zurück. Da war jedem und allen klar, dass die Wildfrau es gefressen hatte.

Vier tapfere Männer aus Kusel, jeder so stark, dass er einen Ochsen niederringen konnte, hatten deshalb beschlossen, die Wildfrau gemeinsam zur Strecke zu bringen. Bevor sie sich aber auf die Pirsch machten, schaufelten sie zuerst, keine fünfhundert Schritte von der Wildfrau-Grotte entfernt, eine tiefe Grube. Sie wussten, wie das geht, hatte doch jeder Einzelne von ihnen bereits eine Wolfsgrube gegraben und einen der graupelzigen Isegrims darin gefangen. Nun aber schaufelten sie zu viert und gruben tiefer, als je eine Wolfsgrube gewesen war.

Sie sorgten dafür, dass die Wände der Grube so steil waren, dass sie selbst nur mithilfe langer Leitern wieder aus ihr herausklettern konnten.

Als das geschafft war, musste die Wildfrau in sie hineingelockt werden. Sie näherten sich vorsichtig ihrer Höhle. Es war Nacht und sie hielten bleckende Fackeln in ihren Händen. Es war ausgemacht, dass einer, praktisch als Köder, vor der Wildfrau herlaufen und sie in die Falle purzeln lassen sollte.

»Pst!«

»Leise!«

»Achte darauf, dass du keinen Zweig zertrittst!«

»Dort hinten haust sie!«

»Still, oder du weckst sie noch vor der Zeit.«

»Einer von uns muss vor und an ihre Höhle klopfen!«

»Wir sollten Lose ziehen!«

Der Schorsch zog das kleinste Los, also musste er vor zu dem gewaltigen Felsblock, den die Wildfrau jede Nacht vor ihre Höhle rollte und den selbst zehn Ochsengespanne nicht hätten vom Platz bewegen können.

»Gut, ich mache es!«, erklärte der Schorsch, aber seine Stimme klang weniger sicher als das, was er sagte. Mit pochendem Herzen schlich er zu der Grotte, aber bei jedem Knacks, den ein Ast machte, zuckte er zusammen, jeden Schatten, den ein Busch im hellen Vollmondlicht warf, hielt er für die riesige Wildfrau. Er kam sich alleine und verlassen vor in der Nacht, weil er seine Kameraden nicht hörte, die eigentlich auf ihn aufpassen sollten. Vielleicht waren sie längst getürmt?

Als er weit genug durchs Laub gekrochen war, dass es höchstens noch ein paar Schritt weit bis zu dem großen Stein sein konnte, der vor der Höhle der Wildfrau lag, spürte Schorsch einen warmen, unangenehmen Atem in seinem Nacken. Es stank, roch faulig. Schorsch stemmte die Arme in den feuchten Boden und drehte sich ganz vorsichtig und langsam um.

Da ragte die wilde Frau über ihn bis hoch zu den Wipfeln der Bäume! Sie hatte nämlich einen schrecklichen Mundgeruch. Jetzt hatte die Hunnin den Spieß auch noch umgedreht und auf ihn gelauert. Sie hob den muskelbepackten Arm mit der schweren Eichenkeule in die Höhe.

»Ei! Ei! Ei! Die Wildfrau ist hier!«, rief Schorsch, schoss aus seiner Kriechlage empor und rannte davon, so schnell ihn seine Beine trugen, immer nur geradeaus und weg von der Höhle, genau auf seine Freunde zu, die auf der Lauer lagen.

Die Wildfrau lief ihm nach. Bei jedem ihrer Schritte erbebte der Boden, dass selbst die Bäume hin und her schwangen.

»Schnell, schnell! Sie kommt!«

Da stieg auch den Jagdgenossen das Herz in den Hals, sie ließen ihre Fackeln fallen, sprangen auf und flüchteten mit ihrem Freund. So liefen und stolperten sie wild durcheinander und wie kopflose Hühner davon – so rechte wilde Männer waren das! Aber sie liefen, weil sie vor der Wildfrau flüchteten, in ihre eigene Falle. Alle auf einmal purzelten, stürzten und polterten hinab in die tiefe Grube, die sie selbst gegraben hatten. Da lagen sie jammernd und klagend auf dem Boden und keine Leiter half ihnen mehr heraus. Indessen war auch die wilde Frau dort angekommen, blickte hinunter und lachte dröhnend. Dann grinste sie und ihre gelben spitzen Zähne blitzten im Mondlicht auf. Sie legte sich bequem neben die Grube, rieb sich genüsslich den Bauch, schob dann eine ihrer Riesenpranken hinab und schnappte sich den Schorsch, den Jüngsten und Zartesten, und verschlang ihn mit Haut und Haaren wie eine Wildkatze eine schüchterne kleine Hausmaus verschlingt mit Haut und Haaren. Dann riss sie eine junge, schlanke Birke aus, die neben der Grube wuchs, und säuberte sich damit die Zahnzwischenräume. Denn neben Beeren liebte die wilde Frau tatsächlich auch frisches Menschenfleisch! Über diesen Beweis für die Richtigkeit des wildfrauenfeindlichen Getratsches konnten sich die restlichen drei Jäger allerdings nicht lange freuen, denn sie verspeiste sie, einen nach dem anderen, im Laufe der nächsten beiden Tage. Als Letzten schnappte sie sich den Jean, den Ältesten, und weil sie schon satt war, kaute sie eher lustlos auf ihm herum und spukte ihn dann wieder aus, weil er allzu zäh schmeckte.

Das jedenfalls beendete alle Hoffnungen auf einen Fang der Wildfrau für das Erste. Man konnte sie nicht loswerden und entschloss sich daher zu einer Art friedlichen Koexistenz und warf der wilden Frau Schafe und Rinder hin. Da musste sie sich nicht mehr über die Schäfer und Kinder hermachen.

Eines Tages schaffte es dann ein tapferer Mann aus Kusel, die wilde Frau einzufangen, mit vielen freundlichen Worten zu zähmen und zu seiner liebevollen und fürsorglichen Gattin zu machen. Er hatte viele Kinder, eine Tochter schöner als die andere, und davon stammen alle Pfälzer Frauen ab. Aber ab und an, so flüstert man hinter vorgehaltener Hand, kommt das Temperament der wilden Frau schon noch durch, in Kusel und auch anderswo.

Kaiser Friedrich in Kaiserslautern

Lautern heißt Kaiserslautern, weil es der Ort des Kaisers war, und zwar nicht irgendeines Kaisers, sondern von Friedrich II. Barbarossa lobesam! Zwei Sagen sind es vor allem, die den Kaiser mit der Stadt verknüpfen – die vom Hecht im Kaiserwoog und die vom Blutacker.

»Na, beißt einer?«

So hat vielleicht ein Knecht oder eine Magd interessiert gefragt, als ein Angler am 6. November 1497 am Kaiserwoog in Lautern saß. (Woog nennt man in der Umgebung von Kaiserslautern einen Weiher oder Teich.) Oder doch wohl eher nicht. Denn bei dem Mann, der nach dem Fisch fahndete, handelte es sich um niemand Geringeren als den Kurfürsten Philipp.

Schon seit Wochen ging die Rede, man habe im Kaiserwoog ein enormes Ungetüm gesichtet, einen Drachen gar, falls es die überhaupt gab. Der Kaiserwoog lag unter dem Hang des Kaisersberges, an dieser Stelle erstrecken sich heute hübsche grüne Wiesen. Es war ein großer See direkt an der kaiserlichen Pfalz zu Lautern, der bis unmittelbar an die Burgmauern reichte und sie umspülte und der, weil er der Versorgung des Schlosses diente, auch von wohlgenährten Fischen wimmelte.

Seit geraumer Zeit also tuschelten Jäger und andere Gewährsleute von dem Spukgespenst. Es war jedenfalls etwas in dem kleinen Weiher, was die Menschen erschreckte. Dem wollte Kurfürst Philipp auf den Grund gehen.

Er harrte am Ufer aus, in Pelze gehüllt, auf seinem mit samtenem Polster beschlagenen Klappstuhl, ein Sonnenschirm spendete ihm Sicherheit vor dem Regen, und betrachtete die blaugraue Oberfläche.

Plötzlich tauchte ein langer, spindelförmiger Schatten zwischen den Forellen auf und schoss dann knapp unter der Seeoberfläche vorbei. Das Wasser kräuselte sich, als zöge jemand einen Baumstamm darunter entlang!

Philipp stand aufgeregt auf und stieß dabei den Hocker um, auf dem er gesessen hatte. Neugierig näherten sich die Höflinge, stellten sich auf die Zehenspitzen, beugten sich leicht vor, aber nicht stark genug, um ihrem Kurfürsten lästig zu fallen.

Die Welle auf dem See kam zum Stillstand. Ein Rücken, groß wie der einer Kuh, stieg langsam, aber Stück für Stück aus dem See, bis er zwei Zoll hoch aufragte – schuppig, von einem spinatgelben Grün, mit dunklen Punkten, starr, unheimlich.

»Das ist ...«, brachte er nur heraus.

Sein Jagdaufseher trat an seine Seite. Er hatte schon so manchen Luchs und Wolf geschossen, und auch einmal einen Bären, aber eine derartig große Kreatur hatte auch er noch nie zu Gesicht bekommen.

»Erlauben gnädiger Kurfürst, dass ich das Ungetüm mit der Flinte zur Strecke bringe?«, bat er höflich und verneigte sich zu einem angedeuteten Kratzfuß.

»Das möge er tun«, antwortete der Kurfürst huldvoll, »aber beeile er sich, damit das Scheusal nicht entkommt, und verletze er es nicht mehr als nötig, damit wir es präparieren und ausstellen können.«

Hurtig schnappte der Jäger nach seiner Finte, die er bereits mit Pulver gestopft und mit Blei geladen hatte, legte auf den ungeheuren Rücken an und drückte ab. Knall und Feuerstoß erschreckten die Höflinge, einige der Damen sanken zusammen und hauchten ängstlich, als habe ihr letztes Stündlein geschlagen.

Der Riesenfisch aber trieb tot im Kaiserwoog.

»Holt ihn«, rief Philipp seinen Knechten zu, die sofort, noch ohne die Hosenbeine hochzukrempeln, in das kalte Wasser des Sees stürzten, zuerst wateten, dann nach allen Kräften schwammen und dann den Riesenkadaver mit scharfen Eisenhaken ans feste Land zogen.

Zufrieden umschritt Philipp das Tier und maß so seine Länge. Es war, das konnte man nun erkennen, ein enormer Hecht, vielleicht so lang wie drei ausgewachsene Männer, die hintereinander auf dem Boden liegen.

Es war jedoch kein gewöhnlicher Riesenfisch.

»Seht Ihr das, Hoheit?«, sagte zaghaft der erfolgreiche Jäger und deutete auf ein goldglitzerndes Band, das dem Hecht um den Kopf gestreift war.

»Lasst mich Euch zuerst zum sicheren Schuss beglückwünschen«, antwortete Philipp, dann beugte er sich zu dem Raubfisch hinab und nahm nachdenklich das goldene Band in die Finger. »Hier braucht es wohl einen meiner Gelehrten. Die Schrift ist, wenn ich mich nicht täusche, im alten Griechisch verfasst.«

»Eine Schrift?«

»Ja, der Fisch trägt ein goldenes Band mit einer Inschrift.«

So meldeten die Chroniken, dass Kurfürst Philipp Anno 1497 aus dem Weiher einen Riesenhecht zog, den Kaiser Friedrich II. Barbarossa höchstselbst im Jahre des Herrn 1230 als junges Tier ins Wasser gelassen hatte.

An dem Tier fand man ein goldenes Ringlein mit griechischen Buchstaben, das schickte man dem Wormser Bischof und Exkanzler des Kurfürsten, Johann Kämmerer von Worms, Freiherr von Dalberg. Der kniff die Augen zusammen und übersetzte: »Ich bin unter allen Fischen der erste, der durch die Hände Kaiser Friedrichs II. in diesen Woog gesetzt worden ist, den 5. Oktober 1230.«

Der Fisch soll 19 Werkschuhe lang gewesen sein, runde sechs Meter, und stolze 350 Pfund gewogen haben. Der Kurfürst ließ ihn nach Heidelberg in die Kurpfälzische Residenz schicken, wo der Hecht gebraten und gesotten wurde und ihn die Tafel nicht halten konnte, die sich unter seinem Gewicht durchbog. Ob ein Hecht, wie ein edler Tropfen, mit dem Alter immer besser wird, ist nicht überliefert. Vielleicht war der Hecht letztendlich ein zwar großer, aber doch zäher Happen.

In Lautern aber, im Schloss, ließ Kurfürst Philipp eine Tafel anbringen, darauf war der Fisch gemalt und geschrieben: »Dies ist die Größe des Hechts, so Kaiser Friedrich II., dieses Namens der Andere, mit seiner Hand zum Ersten in den Woog zu Lautern gesetzt und mit solchem Ring bezeichnet hat anno 1230, ward gen Heidelberg gebracht den 6. November anno 1497, als er darin gewesen war 267 Jahr.«

Das Gerippe des Riesenhechtes soll später von Heidelberg in die Jesuitenkirche von Mannheim gebracht und dort aufgehängt worden sein; als ein Medikus das Grätenskelett genauer in Augenschein nahm, wollte er aber – Spielverderber, der er war – festgestellt haben, dass der Hecht aus mehreren Exemplaren seiner Spezies zusammengesetzt worden, mitnichten also ein solch monströses Ungetüm gewesen war.

Heute ist der Kaiserwoog ausgetrocknet, deshalb darf auch kein Angler mehr auf einen ähnlichen Fang hoffen.

Und noch etwas weiß die Legende über Barbarossas Liebe zu seiner Stadt Lautern. Mag der Fisch als Hüter seines Andenkens auch in Mägen gelandet, sein Woog verlandet sein, so ist der Kaiser seiner Stadt treu geblieben – wie der Britenkönig Artus wacht er in einem hohlen Berg, um Kaiserslautern beizustehen, wenn die Not am größten ist.

Es führt nämlich ein unterirdischer Gang von dem Schloss zu einer Anhöhe, die eine runde Viertelstunde Fußweg von ihm entfernt liegt. Das ist der sogenannte Blutacker und unter diesem befindet sich eine geräumige Felsenhöhlung, dort liegt der Kaiser im Zauberschlaf. Sein berühmter roter Bart ist schon durch die Tischplatte gewachsen, wenn aber die Raben nicht mehr um den Berg fliegen, dann wird er erwachen.

Die Schlangenkönigin vom Vogelwoog

V on der Krönleinnatter, Schlange mit der Krone oder Schlangenkönigin wird in ganz Deutschland erzählt, dennoch konnte bislang kein einziger Naturforscher ihrer habhaft werden. Leider war auch keiner zugegen, als sich die Geschichte ereignete, die ich bald erzählen werde. Auf jeden Fall ist es eine mächtige Schlange und ein Kriechtier mit Stil, denn auf dem hoch aufgerichteten Kopf trägt die Natter ein Krönlein von Gold, das sie nur absetzt, wenn sie in einen stillen Teich zu Bade gleitet. Dann aber schaut sie sich vorher dreimal um, ob sie auch nicht beobachtet werde. Manchmal jedoch ist sie wohl zuversichtlich, besonders in den abgelegeneren Gegenden des Pfälzerwaldes, wo kaum einer umherstreift und sie ertappen kann. Sonst läge die Schlangenkönigin längst schon ausgestopft im Naturkundemuseum in Bad Dürkheim.

Eoine hatte ihr Revier am Vogelwoog bei Kaiserslautern. Viele Jahre lang war es dort still und friedlich gewesen (heute liegt er zwischen der Bundesautobahn 6 und dem Gewerbegebiet West eingeklemmt und hat noch weniger Ruhe als zum Zeitpunkt der Geschichte). Im Jahre 1711 erlaubte die kurpfälzische Hofkammer allerdings, dass der Oberförster Jakob Weller nördlich des Woogs einen Hof betrieb. Er entdeckte beim Hausbau Erz und so wurde 1725 unter Leitung des Obersteigers Johann Jacob Diehl mit dem Abbau des Eisens begonnen und es wuchs das Dorf Erzhütten-Wiesentalerhof. Aus diesem Hof nun stammte ein Mädchen, das häufig in den Wald ging, um auf den Lichtungen und Wiesen Kräuter zu pflücken, die es der Großmutter brachte, die damit heilen konnte. Man kann sich vorstellen, dass es ein armes Mädchen war, sonst hätte es in seinem jungen Alter nicht schon so fest mit anpacken müssen. Aber auch ein schlaues kleines Mädchen, sonst hätte es kaum die Heilkräuter vom Unkraut zu unterscheiden gewusst.

Jedenfalls erreichte das Mädchen mit seinem Bastkörbchen, in dem bereits das ein oder andere Kräutlein lag, an einem heißen Augusttag den Vogelwoog.

Nachdenklich sah es über den stillen Weiher, dessen kleine Wogen im Sonnenlicht glitzerten und glänzten.

»Puh«, sagte es da und strich sich die Schweißperlen aus der Stirn, »ein kleines Bad könnte sicherlich nicht schaden.«

Es sah sich scheu wie ein Reh um – es fand aber niemanden, der auf der Wiese hockte, es sah ebenfalls keine Rauchfahne eines Köhlers in der Nähe, es hörte weder den Schlag einer Axt noch das Getrappel von Hufen, sodass es sich bald recht sicher sein konnte, dass sich außer ihm keine Menschenseele in der Nähe des Weihers aufhielt. Es ging: Das Mädchen konnte baden, ohne gesehen zu werden und dadurch Aufsehen zu erregen.

»Ich glaube, ich darf mich trauen«, flüsterte es zu sich selbst, damit niemand es hören konnte, auch wenn keiner da war.

Das Hütterer Mädchen kauerte sich ganz tief auf die Wiese und legte sein Körbchen mit den Kräutern in eine Kuhle, wo es im Schatten lag und das Kraut frisch bleiben konnte. Dann schlüpfte es aus seinen Kleidern. Es strich sorgfältig über sein Mieder und legte es behutsam auf der Wiese nieder, damit es nicht beschädigt würde, dann nahm es sein Kopftuch ab und legte es glatt gestrichen daneben ins Gras. Dann sprang es mit ein paar Schritten in den Woog und tauchte unter das Wasser! Ah, tat das kühle, frische Wasser gut. Es schloss seine Augen, tauchte unter und wieder auf und fühlte sich ganz frisch und neu.

Nun hatte das Mädchen sorgsam auf Sprechen, Rufe, Schritte und Tritte geachtet, aber eine Schnecke, die sich durch das Gras schleimt, die hört man natürlich nicht, und ebenso wenig eine Schlange, die sich über die Wiese schlängelt.

Genau das aber tat in ebenjenem Augenblick die Schlangenkönigin. Diese lebte schon seit vielen Jahren in dem Wald, der den Weiher umgab wie ein schützender Gürtel und den sie für ihr Reich ansah. Auch sie hatte sich sorgfältig umgesehen, damit niemand sie bei ihrem Bade erwischen konnte. Da aber das Mädchen mittlerweile still im Wasser lag und weil Schlangen nicht gerade die besten Ohren haben, merkte die Schlangenkönigin nicht, dass sie nicht alleine am Vogelwoog weilte.

Denn auch die Schlange drückte die schwüle Augusthitze und sie wollte wie stets ein heimliches Bad in ihrem Woog nehmen.

»Ah, da schau an«, zischte sie und ihre gespaltene Zunge züngelte nur so vor ihrem Mäulchen, »da hat mir ja schon jemand eine weiße Decke bereitet! Da wird mein Krönlein nicht nur nicht nass, sondern verschmiert auch nicht von dem saftigen Grün der Grashalme!«

Sie zog sich behutsam die güldene Krone vom Haupte und legte sie sacht auf dem Kopftuch des Mädchens ab. Dann eilte sie zum Ufer, um lautlos ins Wasser zu gleiten und majestätisch, wie es einer Königin gebührt, selbst wenn sie nur ein Kriechtier ist, über die Wasser zu schweben.

Inzwischen reute das Mädchen, dass es der Erfrischung wegen seine eigentliche Aufgabe vergessen hatte. Es kroch still aus dem Weiher, um zu seinen Sachen zurückzukehren und dann weitere Kräuter zu sammeln. Auf Zehenspitzen und sich immer wieder umschauend, eilte es zu seinen Kleidern zurück. Erst schlang es sich das Mieder um die schlanke Taille, dann wollte es das Kopftuch wieder anlegen.

Und da sah es die Krone!

Nun war es zwar heiß und das Mädchen hatte schon ein schlechtes Gewissen, weil es seine Freude der Pflicht vorgezogen hatte, aber diese Chance konnte es sich einfach nicht entgehen lassen. Es schaute nach links, es schaute nach rechts, sah weder Prinz noch Prinzessin noch sonst irgendjemand, dem die Krone hätte gehören können, entschied sich, dass es dann jetzt wohl die seine war, und steckte sie ein.

Danach ging es raschen Schrittes auf sein Dorf zu. Es hastete, bald schon schwer schnaufend, denn es hatte es ja wirklich eilig, den Berg hoch nach Erzhütten. Man kann ja mit billigen Ausreden seinen Verstand betäuben, nicht aber sein Herz oder sein Gewissen.

Da hörte es hinter sich einen schrillen, alles durchdringenden Pfiff.

Das war die Schlangenkönigin. Eine Schlange ist nämlich wie die meisten Menschen auch: Sie mag es nicht, wenn man ihre Sachen stiehlt. Sie hatte sich, nachdem sie sich ihres Bades erfreut und jede Schuppe einzeln genässt und sich am Wasserrand aufgeringelt im Sonnenlicht getrocknet hatte, zum Kopftuch zurückbegeben und weder Kopftuch noch goldene Krone angetroffen. Nun haben Schlangen schlechte Augen, auch wenn sie daraus so böse funkelnd blicken, aber den Schweiß und die Angst des Mädchens roch die Schlangenkönigin doch.

Und sie eilte ihm nach. Zwar ist die Krönleinnatter ein wunderschönes Tier, schlank wie keine Zweite, mit elegant im Licht glänzenden Schuppen und anmutigen Bewegungen, aber sie ist auch so groß und dick wie ein Wiesbaum und macht schon dadurch Eindruck. Unsere Schlangenkönigin aber war zudem noch sehr erbost, sie trug den schmucklosen Kopf hoch erhoben, zischte, pfiff und fauchte und glitt mit einer atemberaubenden Schnelle durchs Unterholz auf das Mädchen zu.

Das blickte sich nur einmal um, erkannte die Schlange und damit auch die Gefahr, in der es schwebte, und nahm seine Beine in die Hand. Schon schien das Dorf ganz nah und war doch noch so weit weg, denn es rannte und rannte und schien einfach nicht näher zu kommen, obwohl es kaum noch Luft bekam und sein Herz raste und pochte, und hinter sich hörte es das Knacken der Zweige und das Rascheln des Grases, über das der mächtige Leib der Schlange so schnell schlitterte.

Endlich! Endlich! Das Mädchen sah seine Kate am Waldesrand auftauchen. Es war nur ein einfaches Häuschen, aber mit einer massiven Eichentür, die sein Vater gezimmert hatte, und einem Fenster nach hinten raus.

Fast mit letzter Kraft erreichte das Mädchen die Hütte, riss die Tür auf, sprang mit einem Satz hinein, schlug hinter sich die Tür zu und rammte den schweren Riegel darüber, damit niemand mehr hineinkam.

Die Schlangenkönigin aber, erhitzt von ihrer Wut, schlitterte einfach weiter und sprang schon aus großer Entfernung, als sie der Tür ansichtig wurde, gegen die Eichenplanken, dass sie erbebten und knarzten und die Tür fast aus ihrer Angel gehoben wurde. Aber sie hielt.

Da rutschte die Schlangenkönigin ein paar Schritt zurück, ringelte sich zu einer spiraligen Feder, holte tief Luft und schnellte mit all ihrer Kraft ein zweites Mal Kopf voran gegen die Eichentür der Behausung, um sie aufzusprengen.

Und das gelang ihr auch! Mit einem lauten Knall zerbarst die Tür in viele Tausend Stücke und Trümmer und Späne wirbelten durch die Luft. Als das Sägemehl sich legte, sah man drinnen, die Hände über den Kopf gezogen, das Mädchen kauern und vor Furcht zittern – draußen aber die große Schlange, der Länge nach geborsten und mausetot.

Das Hütterer Mädchen behielt die Krone lebenslang und lebte glücklich bis ans Ende seiner Tage. Diebstahl und Verbrechen lohnen sich also, es muss das Opfer allerdings eine Schlangenkönigin sein. Um so eine heute noch am Vogelwoog anzutreffen – dazu muss man schon ein Glückskind sein!

Und mal ganz unter uns: Wer heute noch versucht, eine goldene Krone zu Geld zu machen, dem kommt sowieso die Polizei schnell auf die Spur.

Die unglücklich Verliebten

»Aber was hast du denn, mein Töchterlein?«, fragte voller Sorge der Herr von Schloss Wilenstein. »Es schaut ja ganz so aus, als hättest du gar keinen Appetit mehr. Dabei solltest du dich heute mehr freuen als an jedem anderen Tag deines Lebens – deinen Hochzeitstag natürlich einmal ausgenommen.«

»Ach Papa, es ist doch nichts«, antwortete die Tochter und seufzte aus tiefstem Herzen.

»Na, dann ist ja gut«, meinte der Papa und schenkte sich noch ein Krüglein Wein ein, das er in einem Zug leerte. »Dann ist ja gut.« Er leckte sich über die Lippen, nickte zustimmend und goss nach. »Ein edler Tropfen! Aus gutem Stall kommt der – so wie der Ritter Siegbert.«

Wieder seufzte die Tochter, doch das merkte der Papa längst nicht mehr, weil er bereits sein drittes Krüglein eingeschenkt und in einem Zuge geleert hatte. »... so wie der Ritter Siegbert, der kommt aus gutem Stall und bringt ein prall gefülltes Beutelchen mit klingelnden Münzen mit und Ländereien und einen Spritzer zusätzliches blaues Blut in unseren Stammbaum ...«

Die Tochter hörte dem Gebrummel ihres Vaters nicht mehr zu. Sie war tief weggesunken, nicht in den Geist des Weines, den sie, holde Maid, die sie war, nur in kleinen Schlucken anrührte, sondern in ihren Erinnerungen an diesen Sommer ...

Es war um die Zeit des Osterfestes gewesen, im Frühling, als sie zum ersten Mal das Blöken der Schafe auf der Wiese unter der Burg vernommen und aus dem Fenster der Kemenate geschaut und den Schäfer erblickt hatte. Er stand da, unter der knorrigen Eiche, an seinen Stab gelehnt, die Ruhe selbst, groß und edel gewachsen, als wäre es gar kein Schäfer, sondern ein Prinz aus einem fernen, unerreichbaren Land. Er hatte sich einen Strohhalm zwischen die Lippen geklemmt und trug einen aus Stroh geflochtenen Hut auf dem Kopf und er beugte sich hinab zu einem der Lämmchen und streichelte es zärtlich über den Kopf.

Da war es um die Prinzessin, das Fräulein von Flersheim, geschehen. Sie musste diesen Mann kennenlernen, denn auf einmal wurde es ihr so heiß unter dem Herzen, wie sie es noch nie zuvor gefühlt hatte. Sie streifte sich rasch ihre edelsteingeschmückten Sandalen über und eilte die Treppen hinab, aus dem Burgtor hinaus und den Weg hinunter zu der großen Schafherde.

Als sie dort angelangt war, fand sie den Schäfer schlafend vor. Sie beugte sich über ihn und bewunderte sein ebenmäßiges Gesicht, die zarten Lippen, die bronzebraune Haut, das friedliche Lächeln im Schlafe.

Da öffnete er unvermittelt die Augen und musste lachen, weil ihr Gesicht ganz nahe an seinem lag.

»Nun«, fragte sie den Schäfer keck, »wo stammt Ihr her und welches Reiches Prinz seid Ihr?«

»Oh!«, lachte da der Schäfer. »Ein Prinz, der bin ich keiner. Ich bin bloß der Schäfer vom Aschbacherhof, mein Reich ist der Forst und sind die Wiesen und meine Untertanen sind die Schafe. Unter denen freilich walte und schalte ich, wie es mir beliebt!«

»So seid Ihr wohl ein großer Herr mit vielen artigen und folgsamen Subjekten«, lachte die Prinzessin.

»Nur fehlt mir noch die Königin in meinem schindelgedeckten Palaste!«, antwortete der Schäfer, der sich in dem Augenblick, da er die Augen geöffnet und die Prinzessin über sich gebeugt gesehen, gleich in sie verliebt hatte. Aber da küsste sie ihn schon heiß und innig und beide sanken ins Gras und legten sich nebeneinander auf die Wiese und schauten in den Himmel, wo weiße Schäferwölkchen sanft vorbeiglitten.

Und so ging es jeden Tag. In der Frühe stahl sich die Prinzessin unter einem Vorwand aus dem Schloss – mal wollte sie Blumen für ihr Sammelalbum pflücken, dann wieder darauf achten, dass die Mägde die Schweine richtig in den Wald trieben, alsbald nach der Kutsche eines Besuchers Ausschau halten, in Wirklichkeit aber stahl sie sich zu dem Schäfer davon, mal auf die Wiese, mal in den Wald.

Ach, wie die Prinzessin diese Schäferstündchen genoss! Die Bienen summten, die Vögel zwitscherten in der Luft und auf den Zweigen, Grashüpfer fiedelten zu sirrendem Gesang und milde Lüfte strichen zärtlich um Blätter und Blüten und sie … sie hatte, die langen blonden Haare ausgebreitet wie einen Fächer, mit ihrem Kopf im Schoße des Schäfers geruht, mit halb geschlossenen Augen in die Sonne geblinzelt und die Wärme seiner Nähe aufgesogen wie ein Schwamm das Wasser. Sie versprachen einander, ewig jung zu bleiben und nie alt zu werden, und so kam es dann auch.

Es hätte so schön sein können, wie es sich anfühlte. Aber natürlich war ein Schäfer kein standesgemäßer Mann für sie, deshalb durfte ihr Vater von alledem nichts wissen. Der hatte allerdings längst bemerkt, dass aus seinem kleinen Mädchen mit den Pausbacken und Sommersprossen längst eine junge Frau geworden war, die nun so langsam verheiratet werden musste. So eine Heirat war die einzigartige Gelegenheit, den eigenen Status etwas anzuheben. Deshalb lud der Herr vom Wilensteiner Schloss adeligen Burschen nach adeligem Burschen, heiratswilligen Ritter um heiratswilligen Ritter ein auf sein Schloss. Die warfen einen Blick auf seine Tochter, erröteten und verliebten sich noch im selben Augenblick, denn die Prinzessin war nicht ganz ohne.

Aber sie hatte eben nur Augen für den Schäfer. Deshalb gab sie jedem Freier einen Korb, sodass man die Straße nach Kaiserslautern hätte mit Weiden von allen diesen Körben doppelt und dreifach pflastern können.

»Ich weiß", hatte deshalb ihr Papa irgendwann im September zu ihr gesagt, als sich der Sommer seinem Ende zuneigte, »welch keusches Mädelein du bist und warum du voller Furcht jeden edlen Herrn zurückweist, der dir den Hof macht. Ich weiß das zu schätzen, liebe Tochter, aber ich bin es jetzt leid. Ich habe einen Vertrag mit dem Ritter Siegbert geschlossen, er wird um deine Hand anhalten und ich werde sie ihm freudig geben.«

Und somit sind wir wieder am Anfang unserer Geschichte und bei der seufzenden Jungfrau. Schon am Wochenende darauf ward Verspruchsfest gefeiert und Ritter Siegbert ritt hochzufrieden wieder zurück in seine Burg. Im nächsten Frühjahr, das war schon fest in den Terminkalender eingetragen und dreimal rot unterstrichen, sollte die festliche Hochzeit mit zahllosen Gästen stattfinden.

Nun fand die Prinzessin jeden Tag vollgestopft mit Aufgaben zur Vorbereitung der Vermählung. Erst ging es an das Aussuchen des Brautkleides, die Erstellung der Sitzordnung, die Aufteilung der Ländereien und die Neuordnung der ritterlichen Beziehungen zum nächsthöheren Hofe und die Tochter des Herrn von Schloss Wilenstein wurde bewacht wie das wertvollste Juwel, dass ihr nichts verloren ginge und sie unversehrt in des Ritters Hände gerate.

Da war es ihr fast unmöglich, ihren Schäfer zu besuchen, und der konnte mit seiner Herde auch nicht mehr so einfach in die Nähe des Schlosses kommen. Kurz: Von Stund an sahen sich die beiden nicht mehr und das schmerzte den Schäfer, aber noch viel mehr die Prinzessin, die litt wie an der Schwindsucht. Sie weinte nur noch, aß nichts mehr und ruhte nachts schlecht.

Dazu kam, dass auch der Schäfer Sehnsucht nach ihr hatte. Natürlich wusste er von ihrer bevorstehenden Heirat, deshalb hockte er sich jeden Abend vor das Schloss und blies sehnsüchtig auf seiner Hirtenflöte, um sie an ihn zu erinnern. Sie aber, die in ihrer Kemenate saß und die Hochzeitskarten und Einladungsbriefe für eine Heirat, die sie gar nicht wünschte, auswählen musste, hörte den Klang der Flöte und weinte. Der Schäfer erhielt keine Antwort, konnte ja auch keine Antwort erhalten, und so erklang seine Flöte immer seltener. An den Wintertagen, als der erste Schnee fiel und harter weißer Frost das Gras und die letzten Blumen erstickte, da hörte sie ihn nicht mehr.

Nach einer Woche machte sich die Prinzessin die größten Sorgen. Konnte ja sein, dass der Schäfer einfach das Interesse an ihr verloren hatte. Vielleicht war er selbst schon längst mit einer standesgemäßen Braut verehelicht. Oder ihm war etwas geschehen, er war krank. War schon die Heirat mit Ritter Siegbert unumgänglich, so wollte sie sich doch zumindest die Freundschaft des geminnten Schäfers erhalten.

Sie suchte einen Vorwand und fand zu Ende des Winters endlich einen. »Ach bitte, lieber Vater, lass mich doch ins Karlstal ziehen, zum Bruder Mönch in seiner Klause, damit ich vor meinem Freudenfeste noch die heilige Beichte ablegen kann.« Dabei kullerten ihr murmelgroße Tränen die Wangen herab, sodass ihr Vater gar nicht Nein sagen konnte, selbst wenn er gewollt hätte. Denn es war noch kalt draußen und finster und die Wölfe schlichen durch den Wald.

So eilte die Prinzessin davon. Jeder Schritt auf das tiefe Karlstal zu erinnerte sie an die glückseligen und unschuldigen Wonnen des Sommers – hier, auf dieser Wiese, war sie in seinem Schoße gelegen, hier, in die Rinde dieser Eiche, hatte er mit seinem Messer ein Herz geschnitzt, dort, an dieser Furt, hatte er sie über den Bach getragen, da, unter diesem Felsen, hatten sie Schatten gesucht, als die Sonne zu sehr brannte.

Als sie sich der Klause näherte, hörte sie das vertraute Blöken der Schafe und ihr Herz schlug mit einem Mal schneller! Doch dort stand ein anderer Schäfer, ein alter Mann mit Schlapphut, der blickte sie an und sah dann gelangweilt wieder weg.

»Ach«, fragte sie ihn schüchtern, »wisst Ihr denn etwas von dem Schäfer, der früher hierher gezogen war?«

»Der?« Der Mann musste nicht lange überlegen. »Dem hat jemand das Herz gebrochen und an diesem gebrochenen Herz ist er gestorben. Er quälte sich wohl noch ein paar Monate lang in der Hoffnung auf bessere und mit der Erinnerung an glücklichere Zeiten. Es ist eine Schande, wahrhaft, er war noch so jung und strahlend!«

Tränenüberströmt erreichte das Fräulein den Klausner, der packte sie in seine Arme und hörte als Beichte alles, was sie ihm erzählen konnte. Da gab es nichts zu verzeihen und zu bereuen, viel aber zu trösten.

»Gehe jetzt nach Hause«, sagte der heilige Mann zu ihr, »ich werde alsbald deinen Vater aufsuchen und ihm zumindest die Heirat mit dem Ritter auszureden versuchen, damit du in Ruhe um den Deinen trauern und vielleicht erneut jemand finden kannst, dem du wahrhaftig dein Herz schenken willst. Vielleicht wird mir das gelingen.«

Da brach die Prinzessin von Flersheim auf, die Nacht aber war nur noch dichter und finsterer geworden und ihre Emotionen hatten das Mädchen ganz erschüttert, sodass sie nicht mehr richtig auf ihre Schritte achtete, ausglitt, in den eiskalten Mühlenweiher rutschte und dort ertrank.

Der Klausner aber machte sein Versprechen wahr und erzählte dem Vater alles, den die Erzählung zu Tränen rührte. Er ließ im Aschbachtal, wo der Schäfer daheim gewesen war, eine Kirche errichten zum Andenken an die beiden Liebenden. In den Turm wurde ein Stein gesetzt, in den ließ er einen Hirtenstab und eine Hirtenflöte meißeln, und die sieht man bis auf den heutigen Tag.

Bei der Klause im Karlstal aber brachte der Mönch eine Inschrift an, allen zur Mahnung:

dis kreitz bekundt vom willenstein
dem burgher wel gott gnad verleihn
umb seines töchterleins fruen tod
hie in der flut aus selennot.
zu aschbach iz und gleich im grab
rhut rittersbraut bei hirtenknab.
der klausner wult es gar verhüten
hätt basz gefruchtet sein fürbitten.
die büszer, wandrer, gott befehl
gleich sunst all ellent, pilgersel.

Die Weltachse in Waldleiningen

D ie Welt könnte so schön sein, so wunderbar rund laufen, wenn die Menschen nicht immer Sand ins Getriebe streuten. Und seit geraumer Zeit klagen die Leute auch, die Welt drehe sich so rasch, dass man schon ganz schön schnell rennen müsse, bloß um Schritt zu halten. Auch die allabendlichen Nachrichten im Fernseher zeigen überdeutlich, dass die Welt aus den Fugen zu geraten droht. Kurz: Es knarzt und knirscht an allen Ecken und Kanten des Erdballs. Überall auf der Welt also macht man sich Sorgen, große Sorgen sogar, nur in einem kleinen Dorf mitten im Waldozean der Pfalz, da sorgt man sich nicht, da handelt man.

Was aber, wenn niemand wissen darf, dass es gerade auf diese Gemeinde im Pfälzerwald ankommt? Wie verbirgt ein Dorf vor der Welt die Aufgabe, die es spielt, die auch für das Überleben aller anderen notwendig ist, ohne dass der übrige Globus etwas davon erfährt?

Ganz einfach: Jeder tut und handelt gegenüber Außenstehenden so, als wäre alles nur ein einziger, großer Witz!

Und so lächelt jeder, der erfährt, dass im Wald bei Waldleiningen die Weltachse geschmiert wird, als hätte er das neueste Programm von Bülent Ceylan gehört, er grinst und denkt dann nicht weiter darüber nach.

Doch jedes Mal, wenn die Welt zu eiern beginnt, wenn sie lallt und knarzt und droht, aus den Fugen zu geraten – und, mal ehrlich: Wie oft ist das denn? Eben! –, muss die Achse frisch geschmiert werden oder die Welt hört auf sich zu drehen.

Viele Mythen aus allen Zeiten und aus aller Welt berichten, wie die Welt einmal stillstand und die Sterne vom Himmel stürzten – also wird das wohl schon einmal passiert sein.

Aber es darf – und kann! – sich kein zweites Mal ereignen. Der Grund dafür liegt, wie bereits gesagt, eben in der Pfalz, genauer gesagt an einem Ort zwischen Johanniskreuz und Waldleiningen. Allmählich eiert und schlingert meine Geschichte so arg wie die Welt, deshalb stürzen wir uns jetzt kopfüber mitten in sie hinein:

»Schnell, schnell, noch ein Topf mit Öl! Und noch ein Fass mit Schmiere! Und dann die Tiegel mit Fett!«

»Aber leise, damit es niemand merkt!«

»Wenn die wüssten ...«

»Einer muss es schließlich machen – und dann besser wir Pfälzer. Wir können schaffen und feiern, singen und schmieren!«

Hand in Hand geht es – eine Menschenkette hat sich gebildet wie bei Hochwasser und die Fässer und Töpfe und Tiegel werden von menschlichem Kettenglied zu menschlichem Kettenglied weitergereicht, bis sie auf einen großen Lastkarren verladen werden, der schon bereit steht, damit man all das Fett und all die Schmiere an ihren Bestimmungsort fahren kann.

Es ist in diesen Tagen nicht leicht, ein Einwohner von Waldleiningen zu sein, denn das ist harte Arbeit. Unbemerkt von der Welt, jeden Tag im Dienste der Erdkugel, versehen die Menschen hier im Herzen des Pfälzer Landes einen Dienst für die gesamte Menschheit. Und ab und an ist eben auch eine Sonderschmierung angesagt und da müssen alle mit Hand anlegen.

Dass es wieder einmal so weit ist, daran kann es eigentlich keinen Zweifel geben. Denn erneut sind die Zeichen eindeutig: Schon zittert der Boden etwas, schlingert der Mond auf seiner Bahn über den nächtlichen Himmel und wenn nicht bald etwas passiert, wird die Sonne über das schöne Pfälzer Land torkeln, als habe sie ein Fass Federweißen zu viel geschluckt. Schon scheinen die Sterne unkontrolliert am klaren Nachthimmel zu zucken. Es muss etwas passieren, sonst passiert noch etwas.

Es hatte ja bereits vor ein paar Tagen angefangen, dass das Service leise klirrte, dass die Tasse unmerklich sang, wenn man sie auf die Untertasse setzte, dass der Schritt unsicherer wurde, auch wenn man nicht betrunken war. Dann hatten die Störungen zugenommen, bis jedem klar war, dass es nicht mehr rund lief mit der Welt. Man merkte längst allerorten, dass sie aus den Fugen geraten war. Alles stand schräg und die Erdachse war stärker geneigt als sowieso schon.

Jetzt gilt es, in die Hände zu spuken, die Hemdsärmel hochzukrempeln und fest mit anzupacken. Der Lehrer stellt seine lästige Neugier ein und die Schüler befleißigen sich nicht länger der Faulheit, die Denkerstirn wird glatt gebügelt – jetzt gilt die Tat, nicht das Wort. Der

Bäcker gießt sein Backfett in eine Dose, der Apotheker sucht nach seinem letzten Fläschlein Tran.

Der Karren rumpelt den breiten Fahrweg hoch auf den Kleinen Roßrück, denn dorthin wollen die Menschen aus Waldleiningen und dorthin müssen sie ihr Fett bringen. Den dort steht mitten im Waldmeer die Weltachse, um die sich unser Erdball dreht, und weil die holpert und schlingert, muss sie frisch geschmiert werden.

Die Waldleininger sind nämlich für die ordentliche Schmierung der Weltachse zuständig.

»Do werd die Weltachs inngeschmeert – unn uffgepasst, dass nix passeert!« Mit diesem ehrwürdigen Lied auf den Lippen laufen die tapferen und wackeren Männer und insbesondere die tatkräftigen Helfer von der freiwilligen Feuerwehr und holpern die Karren mit den Fässern mit Fett ihrem Ziel entgegen.

Kaum noch auszuhalten ist ja nun schon seit Stunden dieses fürchterliche Quietschen, das aber – wie Bello eine Hundepfeife – nur jemand hören kann, der in Waldleiningen zur Welt gekommen ist und zu dessen Pflicht im Leben es gehört, dafür zu sorgen, dass mit der Weltachse nichts passiert. Denn während der Rest der Welt die Tagesschau guckt oder den Tatort, auf der Wall Street arbeitet oder auf hoher See und die Pfälzer Weltachs höchstens für einen Touristenscherz hält, weiß der Waldleininger um seine Aufgabe. Er weiß es, handelt und schweigt.

Endlich haben die wackeren Männer, Frauen und Kinder ihr Ziel erreicht – eine große rote Buntsandsteinplatte mit einem quadratischen, sich dem blauen Himmel entgegenreckenden Zapfen wie beim Intihuatana, dem Sonnenheiligtum der Inka in Machu Picchu. Darin prangt, in grauer Urzeit eingraviert, die Erdkugel mit der Achse, die sie wie eine Stricknadel durchsticht. Es ist ein erhabenes Bild, der Mittelpunkt der Erde.

Das ist die Weltenachse.

Die freiwillige Feuerwehr arbeitet kräftig an der Pumpe. Ein Ende des Schlauches hängt in einen großen Bottich mit Schmiere, das andere ist präzise auf die Weltachse gerichtet. Langsam verformt sich der Schlauch, er wird dicker, die träge Masse quält sich hindurch und plötzlich spritzt das erste Fett auf die quietschende Achse.

»Mehr! Mehr!«, ruft nun fröhlich der Mann, der den Schlauch hält, und mehr und mehr Schmiere, Öl und Fett wird auf die Achse gepumpt, das Quietschen nimmt ab, das Ruckeln der Erde wird weniger fühlbar – und bald schon läuft die gute alte Erde so glatt und rund wie eh und je.

Weltweit atmet man auf und in Waldleiningen scheint ein lindes Lüftlein die Blätter der Baumkronen zu durchstreicheln. So etwas geschieht immer, wenn alle Menschen der Erde zum exakt gleichen Zeitpunkt ausatmen.

Der Mann gibt der Schlauch mit dem Fett an die Mannschaft der freiwilligen Feuerwehr zurück, zieht aus einem alten Kartoffelsack ein funkelndes und blitzendes Ölkännchen und gibt der Weltachse den letzten Feinschliff.

Alle schleichen zufrieden nach Hause zurück, denn das große Werk ist vollbracht – und wichtiger noch: Niemand hat davon erfahren außer denen, deren Aufgabe es schon seit Jahrtausenden ist, die Weltachse zu schmieren, und die noch nie ein großes Aufsehen darum veranstaltet haben.

Maria in Fehrbach und Rodalben

E s war einmal in nicht allzu ferner Zeit, als sich zeigte, dass die Zeit der Mirakel und Wunder noch lange nicht vorbei ist.

Jeder in Pirmasens sprach von Senta Roos. Das Mädchen war gerade knapp zwölf Jahre alt. Niemanden ließ die Geschichte kalt – entweder man erzählte unter vorgehaltener Hand, ganz ehrfurchtsvoll, oder draußen auf der Straße, dröhnend, voller Hohn, oder irgendwie dazwischen, zweifelnd, hoffend. So etwas passiert anderswo, natürlich, in Lourdes oder Fatima, und nur die Pfaffenfresser bezweifelten grundsätzlich, dass es so etwas geben konnte – aber konnte es auch hier geschehen, in Fehrbach bei Pirmasens, und dann auch noch der Senta Roos?

Aber das ging ja schon zu lange, um bloß ein einfacher Schwindel zu sein. Doch wer konnte wohl sagen, dass es keine Einbildung war? Junge Mädchen sind manchmal noch halbe Kinder, sie bilden sich etwas ein und halten das dann für die Wahrheit. Jetzt, keine drei Jahre später, auch noch die Sache in Rodalben, diese unheimliche Geschichte von dem weißen Tuch, auf dem dann ein Kelch aus Blut erschienen war. Wer wusste schon, was davon zu halten war?

Das hatte alles vor ein paar Jahren angefangen, damals, knapp nach dem Krieg, als der Magen noch hin und wieder knurrte, aber die besseren Zeiten sich schon abzuzeichnen begannen, als auch noch immer wieder die Männer, für die man so viel gebetet hatte, aus Russland aus Gefangenschaft zurückkamen.

Jedenfalls war Senta am 15. Mai 1949 mit einigen ihrer Freundinnen im Wald gewesen und da hatte sie plötzlich eine weiße Frau im Felsen gesehen, mit gefalteten Händen, einer goldenen Krone auf dem Kopf und einem goldenen Rosenkranz. Und – das hatte ihre Pflegemutter ganz aufgeregt dem Pfarrer bestätigt, zu dem sie schnurstracks gerannt war, um ihm außer Atem davon zu berichten – die Muttergottes sagte tatsächlich zur Senta: »Macht weiter so wie bisher. Ich danke euch dafür und werde euch beschützen. Du kannst kommen, wann du willst, ich werde für dich da sein.« Das sagte sie sicher deswegen, weil die Mädchen von sich aus immer den Rosenkranz gebetet hatten.

Und – ach! – wie hatten ihre Schulkameradinnen das Mädchen verspottet. Selbst der Pfarrer hatte ja gemeint, das sei ihm alles etwas »zu kitschig«. Aber die Senta hatte gesagt, dass ihr die Maria immer wieder erschienen sei, alle vierzehn Tage. Dann trug die Muttergottes das lange, weiße, geraffte Kleid, ihre goldene Krone auf dem Haupt und ihren weißgelben Rosenkranz. Alle vierzehn Tage, wie gesagt, insgesamt 53 Mal, bis Maria am 10. Mai 1952 zum letzten Mal erschien.

Und trotz allen Spottes kamen jedes Mal mehr Leute zusammen, teils aus Neugier, teils aus Aberglauben, teils aus Frömmigkeit. Der Pfarrer hatte ja anfangs seine Bedenken, weil die Kinder ja alle den Bernadette-Spielfilm gesehen hatten, wo es um die Visionen von Lourdes ging, doch schließlich überzeugte ihn die Ehrlichkeit der Seherin. Schließlich hatte der Herr Pfarrer doch nach Speyer zum Bischof gemeldet, dass er die Erscheinungen für echt hielt. Wie ja so viele andere auch – bis zu 3000 Leute kamen ins Dorf. Am 12. August sollte ein »sichtbares Zeichen« erscheinen. Glaube es oder lass es sein, aber da kamen über 15000 Menschen hierher, nur wegen der Erscheinung, und Reporter nicht nur von der Lokalzeitung »Rheinpfalz«, sondern sogar vom »Stern«! Später hat man eine Lautsprecheranlage aufgestellt, damit jeder alles mitbekommen konnte. Es waren ja mehr Leute hier als bei einem Kreisligafußballspiel!

Und schließlich machte es das Bistum Speyer allen leicht, sich für oder gegen das Sehermädchen zu entscheiden – Speyer verkündete nämlich offiziell, bis zur Klärung der Sachlage sei es den Katholiken verboten, nach Fehrbach zu pilgern. Ich habe mich daran gehalten, aber es gibt viele, die sind dann trotzdem hin, weil es schließlich eine höhere Macht gibt, die Maria, und deren Wort zählt dann vielleicht doch mehr als das vom Bischof. Ich höre mich ja nach wie vor um und so viele erzählen mir, dass sie selbst etwas gesehen haben am Erscheinungsort. Aber das Ordinariat bleibt hart: Man darf nicht zur »Mutter der Bekehrung der Sünder« fahren, wie sich die Madonna der Senta gegenüber am 26. Januar 1950 selbst genannt hat. Seit dem Beschluss des Bischofs hat der Strom der Pilger nachgelassen und ist der Zweifel auch wieder gewachsen, wie es ja auch schon ganz am Anfang gewesen ist. Wenn man jetzt im Dorf über die Sache redet, lachen die meisten und halten die Senta für eine Spinnerin oder mindestens für eine Tagträumerin. Bei mir ist es andersrum – erst habe ich nichts geglaubt, aber jetzt, als ich das von Rodalben hörte, da bin ich mir nicht mehr so sicher.

Die meisten halten sich nun an das Speyrer Verbot. Aber wer weiß, ob Maria wirklich einverstanden gewesen ist mit dem Urteil der Bischöfe. Die sitzen ja weit weg in ihrem Dom und hören den Herrgott vielleicht nicht einmal, wenn er an ihre Tür pocht. Jedenfalls hat die Maria der Senta am Tag der letzten Erscheinung mit einem ganz ernsten und traurigen Blick offenbart, dass die Menschen noch viel und hart leiden müssen: »Wir sind jetzt in einer schweren Zeit!«

Das macht natürlich Angst, weil der Krieg gerade vorbei ist und wir auf bessere Zeiten hoffen. Aber wer weiß schon, was der Russe plant!

Jedenfalls hatte ich alles das fast schon vergessen, schließlich ist die große Aufregung schon einige Zeit her und man redet hier auch nicht so gern darüber. Und wenn, dann überwiegen ohnehin die Zweifler.

Und dieses angekündigte sichtbare Zeichen – von dem wird nun frisch erzählt und da weiß ich schon wieder nicht, was ich davon zu halten habe.

In Rodalben nämlich, das ist ja keine fünf Kilometer weg von hier, da ist jetzt eine Frau Mitte zwanzig, die Anneliese Wafzig, und die ist ja kein kleines Mädchen mehr und der erscheint die Jungfrau Maria ebenfalls, und zwar oft. Und ein paar von denen, die jetzt am 1. Juli 1952 dabei waren, die haben es mir erzählt. Es waren ja insgesamt fast sechzig Leute, die sich da versammelt hatten. Die Maria hatte der Anneliese angekündigt, dass sie ein »sichtbares Zeichen ihres göttlichen Sohnes« dalassen wollte. Natürlich waren alle – selbst die Allerfrömmsten – furchtbar neugierig.

Die Anneliese nahm eine Korporale, das ist das weiße Leinentuch, das auf dem Altar liegt und das sie für den Pfarrer Heyder dabeihatte, der ihr – wieder im Gegensatz zum Bischof in Speyer – glaubte, dass sie Erscheinungen hatte. Er ging also zum Erscheinungsort und teilte dort die Krankenkommunion aus. Also jedenfalls hatte die Anneliese das Tuch, der Pfarrer war da und alle beteten den ganzen Abend bis spät in die Nacht. Es war dann vierzig Minuten nach Mitternacht, so hat man es mir erzählt, als die Muttergottes die Anneliese um das Tuch bat. Die reichte es ihr über den Hausaltar hinweg, wo dann die Muttergottes das Tuch küsste. Da sah sie den gekreuzigten Heiland und die Muttergottes sagte ihr: »Nimm das Tuch und fange das Blut auf, das aus dem Herzen meines Sohnes quillt!«

Da nahm die Anneliese das gefaltete Tuch und – das hat man mir so gesagt – streckte es in die Luft und da war da plötzlich ein roter Fleck drauf, wie frisches Blut! Und dieser Fleck in die Luft und da war da plötzlich ein roter Fleck drauf, wie frisches Blut! Und dieser Fleck hatte die Form eines Herzens.

Die Anneliese soll dann niedergekniet und das Tuch vor ihrem Hausaltar hin und her geschwenkt haben. Aber natürlich waren jetzt alle schon etwas aufgeregt, hatte ja auch jeder gemerkt, das mit dem Blutstropfen, und es war ja auch ein Wunder angekündigt worden, vorher. Also, ob da manche schon beteten, ob das die Leute, die es mir erzählt haben, wirklich so genau gesehen haben – ich weiß es nicht. Klingt ja auch irgendwie nach Zaubervorstellung, oder?

Also, die Anneliese schwenkte das Tuch, zusammengefaltet, und da fing das Blut vom Herzen aus an, in fingerdicken Streifen überall auf dem Tuch runterzulaufen. Ob die Anneliese erschrocken ist oder ob das alles irgendwie geplant war – sie hat das Tuch jedenfalls dem Pfarrer gegeben, der neben ihr kniete, und der hat es aufgefaltet und – das sagen die Leute, die meinen, dass sie dabei gewesen sind – allen anderen gezeigt. Denn denkt euch mal, da war jetzt ein Bild darauf – ein Bild aus Blut! Das zeigte, wohl wie von einem Kind gemalt, aber man soll ja schließlich werden wie die Kindlein, ein Herz, einen Kelch und die Hostie. Süß soll das Blut gerochen haben, sogar süßlich, und es war noch ganz feucht und bis ganz früh am Morgen ist es weitergeflossen und hat das Bild noch ergänzt! Und jetzt lese ich gerade in der Zeitung, dass man das Tuch an der Universität Bonn untersucht hat, und die Herren Professoren haben festgestellt, dass es tatsächlich menschliches Blut ist oder zumindest sein könnte.

Ja, und was soll man nun von alldem halten? War die Muttergottes wirklich in Fehrbach und Rodalben, so wie früher, als der heilige Pirmin hier für Wunder sorgte, oder haben sich das diese Mädchen nur eingebildet? Der Bischof sagt, ich darf es nicht glauben, aber hier, meine Bekannten, die haben es selbst gesehen und andere, die sind mindestens genauso vernünftig und keine Rosenkranzperle weniger fromm, die lachen über mich, dass ich über solchen Humbug überhaupt nachdenke. Für die ist das Mädchen aus Rodalben eine Betrügerin und die Senta, die war halt ein bisschen simpel gestrickt. Sagen die.

Was weiß schon so ein einfacher Mensch wie ich? Besser, ich steh morgen wieder mit dem Wecker auf, schlappe zur Arbeit und lass sich andere den Kopf deswegen zerbrechen. War es die Jungfrau, dann schadet es nicht, wenn ich ein kleines bisschen daran glaube. Wenn sich die Mädchen das nur eingebildet haben, dann kann es auch nicht schaden und der Bischof in Speyer wird mir auch nicht böse sein, wenn ich einmal zusätzlich in die Kirche gehe.

Nordpfalz

Die »unverwesliche Hand« von Eisenberg

E s ist ja nicht immer leicht, die Kleinen mit auf eine Wanderung zu nehmen, aber dieses Mal ist der Enkel Gabriel sofort mit von der Partie, als sein Opa Alfons ihm vorschlägt, in die Nordpfalz zum Steinkreis von Hettenleidelheim zu fahren. Zuerst zieht der Junge nicht so recht, aber dann murmelt Opa geheimnisvoll etwas von der Mumie von Eisenberg, und da gibt es dann kein Halten mehr! Mumien, die kennt Gabriel aus dem Museum, wo er einmal mit seinen Eltern gewesen ist. Aber eine echte Mumie, hier in der Pfalz, von einem echten Pfälzer – das ist neu und interessant und aufregend, und so hat Gabriel seine Wanderstiefel schon geschnürt und den kleinen Rucksack auf dem Rücken, als der Opa im Opel vorfährt.

Und wirklich gibt Gabriel Ruhe, während der Opa über die Autobahn an Grünstadt vorbei nach Eisenberg fährt – ganz gespannt schaut er aus dem Fenster, nur ab und zu erkundigt er sich, wie weit es noch ist. Endlich aber sind sie am Parkplatz vor der protestantischen Kirche von Eisenberg, deren neugotischer Turm neben dem Schiff mit der großen Rosette emporragt. Sie nähern sich dem Buntsandsteingebäude und treten ein. Ganz gebannt betrachtet Gabriel den mit rotem Stoff ausgeschlagenen Schaukasten neben dem Eingang, in dem die dürre, weiße, gespensterhafte Kralle ruht. Ein Schild erklärt, dass die Hand schon lange im Besitz der Gemeinde ist. Mitte des 19. Jahrhunderts war sie bereits in der Vorgängerkirche ausgestellt, wo man auch nur wusste, dass sie aus »grauen Zeiten« stammte.

»Das sind«, sagt Opa Alfons zu seinem Enkel, »die echten Überreste einer menschlichen Hand. Du kannst alle Finger sehen, nur der Daumen fehlt.«

»Aber warum liegt die denn hier?«, will Gabriel wissen. »In unserer Kirche sind doch auch keine Mumien. Ich dachte immer, die gibt es nur in Ägypten.«

»Da hast du wohl recht«, sagt der Opa. »Generell trifft das schon zu. Aber mit dieser Hand hat es auch eine ganz besondere Bewandtnis. Sie ist nämlich die Zeugin für einen unfassbaren Rechtsbruch und soll daher alle mahnen, die sie sehen, dass man es vor Gericht und natürlich auch in der Kirche mit der Wahrheit sehr genau nehmen sollte.«

»Was ist da passiert?«, fragt Gabriel und stellt sich auf die Zehenspitzen, um die mumifizierte Hand und die Knochen, die zusätzlich im Schaukasten liegen, noch genauer zu betrachten, und dabei lässt sein heißer Atem das Glas beschlagen, sodass die weiße Mumienhand noch fahler wirkt.

»Nun«, meint Opa Alfons, »da setzen wir uns am besten hier ins Gasthaus bei einem Glas Limo und dann erzähle ich dir die Geschichte.«

Gesagt, getan. Aber Gabriel will das Getränk gar nicht recht schmecken, er ist ganz scharf auf die Erzählung.

»Also. Es waren einmal zwei Grundbesitzer, zwei Männer, die viel Wald bei Eisenberg besaßen, aber einem davon war sein vieler Wald noch nicht viel genug. Deshalb meinte er, die Grenzsteine stünden nicht richtig, der andere habe sie versetzt, obwohl der andere gar nichts getan, sondern stets darauf geachtet hatte, dass alles seine Ordnung hatte. Er wollte nicht mehr haben, als er besaß, aber eben auch nicht weniger.

Der nimmersatte Waldbesitzer wollte Großwaldbesitzer werden und verlangte ein gehöriges Stück vom Forst des anderen Waldbesitzers. Der wollte es ihm natürlich nicht einfach so überlassen, denn es war ja schließlich seines. So ging das einige Jahre hin und her, mit Anfeindungen und Beschuldigungen, mit Rechtfertigungen und Verweisen auf die alten Grenzsteine, auf denen schon das Moos wuchs, und letzten Endes kamen beide überein, das so zu regeln, wie es sich gehört, vor einem richtigen Gericht nämlich.

Der Richter war ein kluger Mann und ahnte, dass einer der beiden Zankhähne ihn belügen würde. Da er nicht wusste, welchem der beiden Kontrahenten er Glauben schenken konnte, und um festzustellen, wo genau die Grenzen der beiden Forstreviere verliefen, rief er einen sachkundigen Mann in den Zeugenstand, einen Förster, der ja schließlich wissen sollte, wo entlang die Grenze lief.

Nun aber hatte der böse Waldbesitzer, der vorausahnte, was der Richter unternehmen würde, diesen Förster in der Woche zuvor zur Seite genommen, hatte ihm einen dicken Beutel mit klingender Münze in die Hand gedrückt und ihm dann Wort für Wort eingetrichtert, was er vor dem hohen Herrn aussagen sollte. Der Förster hob also seine Hand zum Schwur und erklärte, er wolle die Wahrheit sagen und nur die Wahrheit und nichts als die Wahrheit, so wahr ihm Gott helfe – und dann log er, dass sich die Balken oder besser noch die mächtigen

Baumstämme der Nordpfalz bogen, und zwar derart geschickt, dass der Richter seine Aussage für wahr befand und dem gierigen Großgrundbesitzer ein riesiges Stück des Waldes des ehrlichen Forsteigners zusprach.«

»Das ist aber gemein!«, wirft Gabriel ein.

Opa Alfons kann da nur zustimmend nicken. »Ja, so kann es kommen. Der Gierhals konnte sich dieses ungeheuren Gewinns erfreuen, der Ehrliche aber war der Dumme und musste sich geschlagen geben.

So also war es und die Zeit verging und schließlich starb eines Tages der meineidige Förster. Da geschah dann doch noch Gerechtigkeit, als er nämlich beerdigt wurde. Man hatte den Sarg in sein dunkles Loch gelassen und die Friedhofsangestellten schaufelten bereits die feuchte Erde hinein, da gab es einen lauten Knall, der alle aufschrecken ließ, denn offenbar war der Sarg geborsten. Aus der frisch aufgehäuften Erde – alle sahen es und jeder konnte es am nächsten Tag im Gasthaus bezeugen – ragte fest und steif der rechte Arm des Försters, der Arm, mit dem er lange Jahre zuvor seinen Meineid getan hatte. Ganz gleich, wie sehr die Arbeiter auch schufteten und schaufelten, keine Schippe Erde oder hundert konnten den Arm wieder nach unten bringen. Stets stand er aus dem Haufen heraus als Warnung für die Sünde, die der Förster begangen hatte.

Und da wurde es allen klar, die da waren, den Trauergästen wie dem Herrn Pfarrer, den Friedhofsarbeitern wie dem Richter, der eigens aus der großen Stadt angereist gewesen war: Der Förster hatte damals vor Gericht gelogen und himmlische Mächte wollten das allen auch ganz deutlich zeigen. Damit es niemals vergessen werde, trennte man die falsche Schwurhand ab und stellte sie in der Kirche aus. Bis zum heutigen Tag ist sie nicht verwest, damit das Zeichen auf ewig künde, dass ein Meineid eine ganz ernste Sache ist!«

»Cool«, sagt Gabriel atemlos, als der Opa geendet hat, »fast noch cooler als die Videos von Geistern im Internet, die ich gestern gesehen habe.«

Und dann ziehen sie los und Gabriel findet, dass der Steinkreis von Hettenleidelheim auch ganz schön cool ist, wenn man es recht betrachtet, weil er so etwas ja auch nur von anderswo und dann auch nur von Fotos kennt.

Der verwunschene Jäger von Imsbach

W er sich im Leben nicht richtig verhält, der erhält seine Strafe nach dem Tod. Entweder, der Bösewicht landet direkt in die Hölle und kann am eigenen Leibe miterleben, wie einem Hamburger auf dem Grill zumute ist, oder er muss nach seinem Tode umgehen, bis er erlöst wird. Doch das geschieht nur bei den kleinen, lässlichen Sünden, nicht bei den wirklich schlimmen Vergehen.

Ein solcher kleiner, aber kaum zu ignorierender Sünder war ein Jäger aus Imsbach. Der wollte, wie jeder, der in der erzreichen Umgebung des Donnersberges lebte, reich und vermögend werden, damit er nicht mehr arbeiten musste bis ans Ende seiner Tage. Das ist ein redlicher Wunsch für einen redlichen Menschen.

Deshalb achtete er bei seinen Pirschausflügen nicht nur auf das Wild rechts und links des Weges, sondern stets auch auf das Gestein, das am Wegesrand lag – wenn es rot war wie Rost, dann befand sich wohl ein guter Batzen Eisen im Fels, wenn es aber funkelte im Licht der Sonne, dann hoffte der Mann jedes Mal, dass sich das Glitzern als Gold oder Silber herausstellen würde. Doch immer wenn er einen Brocken mitnahm und ihn dann zu Hause in aller Heimlichkeit untersuchte, musste er zu seinem großen Bedauern feststellen, dass er nur ein wertloses Mineral mit sich geschleppt hatte. Und doch gab er die Hoffnung nie auf.

Ohne Fleiß kein Preis – so heißt es, und so überraschte es auch nicht, dass der Jägersmann nach Jahren, in denen er wertloses Erz geschürft und viel Zeit damit vergeudet hatte, mit einer Wünschelrute durch seine Berge zu schreiten, endlich auf eine Stelle stieß, wo es so richtig lustig silbern funkelte. Als der Grünrock später an diesem Abend ganz aufgeregt im flatterigen Kerzenschein in seiner Jagdhütte die Gesteinsprobe in Augenschein nahm, da konnte er sich selbst bestätigen, dass es Silber war.

Was er aber nicht wusste, das war, dass ein Erdgeist, der sein geduldiges Suchen und Spüren beobachtet hatte, ihn zu diesem Ort geführt hatte, um ihm ein wenig Glück zu bringen. Denn manchmal muss man ja zu seinem Glück geschubst werden. Silber, das gab es ja genug in der

Gegend, und der Erdgeist wusste keine Verwendung dafür. Auf Silber waren eigentlich nur die Menschen aus.

Reich! Reich! Reicher! Am reichsten! Der Jäger wollte sich gar nicht vorstellen, was er mit dem Silber alles anfangen wollte. Ich werde der Herr der Welt sein!, schoss es ihm durch den Kopf und dann rasten all die Gedanken in ihm herum, was er sich kaufen, wen er sich kaufen, wenn er beherrschen, wer ihm zu Diensten sein, was er verlangen würde – wenn er erst einmal reich wäre.

Dann überkam ihn ein kaltes Grausen – was wäre, wenn in der Zeit, in der er in seiner Hütte saß, irgend so ein dahergelaufener Mensch zufällig an der Stelle vorbeikam, über das Silber stolperte und ihm seinen Schatz wegnahm, noch bevor er ihn ausbeuten konnte?

»Das darf nicht sein!«, sagte der Jäger mit fester Stimme und schlug wie zur Bekräftigung mit der geballten Faust laut auf den Tisch. »So wahr ich Jäger Zockel heiße! Niemand wird mir mein Vermögen wegnehmen!«

Er krallte sich seine Flinte, goss Pulver hinein, stopfte Schrot hinterher und machte sich flugs auf zu der bestimmten Stelle. Aber dort war alles einsam, verlassen und leer. Er atmete auf, da schlich sich ein Eichhörnchen an, um den Jäger naseweis zu beäugen.

»Geh du mir fort!«, schrie er das flinke rote Tierchen an. »Hau du bloß ab!«

Erschrocken sprang das Eichhörnchen zur Seite und schoss dann einen Baum hoch bis in den höchsten Wipfel. Sein Herzchen pochte und bollerte. Rasch hüpfte es ein paar Bäume weiter und dann immer weiter, nur weg, bis es weit genug von dem Jäger entfernt war, und kroch dann zurück auf den Boden, um in aller Ruhe an einer Haselnuss zu knabbern.

»Aber was hast du denn?«, fragte da ein Männchen das Eichhörnchen. Er war kaum größer als der süße Nager, mit einem grünen Wams angetan und einer roten Zipfelmütze auf dem Kopf. »Wieso bist du denn so sehr außer Atem?«

»Ach, mein Freund«, schnaufte das das Eichhörnchen, »ich war drüben am Weg, wo das Moos an den Steinen wächst, und da saß ein Jäger, der schrie mich an und bedrohte mich mit seiner Flinte.«

»Ei«, wunderte sich der Zwerg, der in Wirklichkeit der Erdgeist war, »das wird doch nicht etwa unser Jäger sein ...?«

Und er schlich zu der Stelle, die er nur zu gut kannte, denn mit seinen magischen Tricks hatte er höchstselbst den Jägersmann auf diese Stelle aufmerksam gemacht. Erdgeister sind nur scheinbar kleine und drollige Männchen, in Wahrheit verfügen sie über gewaltige übernatürliche Kräfte. Dort saß der Jäger und die Dunkelheit ließ ihn Gespenster sehen. Schon von Weitem hörte das Erdmännchen, wie die Flinte des Jägers immer wieder und wieder knallte, und als es auf nur noch wenige Schritte herangekommen war, rieselten Kiefernnadeln und Rindenstückchen auf das Erdmännchen herab, »Bleib da stehen, wo du bist!«, schrie der Jäger und war blutrot vor Aufregung im Gesicht. »Oder ich verpasse dir eine, da kannst du nicht mehr laufen.«

»Ei«, erkundigte sich das Erdmännchen nun mit leiser Stimme bei dem Jäger, »warum darf ich denn hier nicht vorbei, ich laufe hier doch jeden Tag entlang und noch nie hat mir jemand die Passage verwehrt.«

»Aber jetzt mache ich das!«, bellte der Jäger ganz außer sich. »Hier darf niemand sein außer mir, mir allein!«

Da erkannte das Erdmännchen, dass Gier und Geiz den Jäger zerfressen hatten, das er kein guter Mensch mehr war. So geschah es manchmal – die Erdmännchen gewährten einem Erzsucher eine Gunst, und der war ihrer nicht würdig.

»Ach«, fing deshalb das Erdmännchen erneut an, »dann möchtest du wohl am liebsten mit keiner Menschenseele mehr sprechen, weder auf der Erde noch im Himmel, oder?«

Da bellte der Jägersmann: »Ja, genau, lass mich allein hier mit meinem Besitz!«

Da hob das Erdmännchen einen kleinen Stab, der funkelte und zischte, als ob ein kleiner Blitz von ihm ausginge, und der Jäger fand sich in einen wunderschönen weißen Rehbock verwandelt, mit zartem Gehörn.

»So«, sagte das Erdmännchen und nickte bekräftigend, »nun musst du mit niemandem mehr reden, weder hier noch anderswo, denn du bist verwünscht und verflucht und musst auf Erden wandeln, ohne je einen Nutzen aus deinem Schatz ziehen zu können, und deine Seele kann nur erlöst werden, wenn dich eine silberne Kugel trifft!«

In den folgenden Jahren trafen immer wieder Waidmänner auf den Rehbock und hoben ihre Flinte – allein, sie vermochten nicht abzudrücken. Gar zu traurig blickte sie das Reh an, fast mit menschlichen Augen, und sie beschlossen, es zu verschonen. Sie wussten ja nicht, dass der Bock so traurig blickte, weil genau sein Tod sein Begehr war.

Es gingen die Jahre ins Land und die Jahrzehnte. Der traurige Rehbock war in den Wäldern um Imsbach längst zur Legende geworden und wurde von allen geliebt. Weil er seine

Chancen auf Erlösung schwinden sah, zog sich der verwünschte Jäger immer wieder in die Tiefen des Waldes zurück, sodass man ihn bald kaum noch antraf. Manche dachten schon, er sei nichts als eine fromme Legende.

Nun wird ja nicht nur alle hundert Jahre ein böser Jäger geboren, sondern öfter. So geschah es, dass am Donnersberg wieder ein Waidmann wohnte, dem tat der weiße Rehbock nicht leid, so wie er allen anderen leidtat, sondern dieser herzlose Jäger wünschte sich nichts sehnlicher, als den traurigen Rehbock zu erlegen.

Denn dass dieser Rehbock nachts leuchtete, das war für ihn ein Zeichen, dass er es mit einem Dämon zu tun hatte, deshalb lud er seine Flinte mit einer silbernen Kugel.

»Man weiß nie«, pflegte er zu seiner Frau zu sagen, wenn er auf die Pirsch aufbrach, »vielleicht treffe ich heute auf den Wer-Rehbock, und da bin ich gewappnet, bevor er mich angreift.«

»Lass doch den schönen Rehbock leben.«

»Wenn ich ihn nicht schieße, dann tut es ein anderer«, meinte der Jäger schroff, »und den Gedanken kann ich nun wirklich nicht ertragen. Das Vieh gehört mir, nur mir allein!«

Sagte es, stieß seine Frau wütend von sich, schlug laut knallend die Tür zu und verzog sich in den Forst.

Und so erblickte der böse Jäger eines Tages den wunderschönen Rehbock mit den samtenen Stangen und den tieftraurigen braunen Augen.

»Jetzt gehörst du mir«, flüsterte er, kniete sich nieder, legte das Gewehr an, kniff die Augen zusammen, zielte auf die Stelle zwischen den Augen des Tieres und drückte ab.

Der Rehbock brach zusammen, aber in demselben Augenblick, da er seinen Geist aushauchte, röchelte er nicht oder schrie vor Schmerz, wie es der Jäger erwartet hatte, sondern er sang mit einer silberhellen Stimme: »Ich bin erlöst! Endlich bin ich erlöst!«

Der böse Jäger aber, als er das hörte, starb noch am gleichen Orte, weil ihn vor Schreck der Schlag traf, als der Rehbock sang. Und wenn diejenigen Recht haben, die ihn mit ihren eigenen Augen gesehen haben wollen mit seinem grimmigen Gesicht und der geschulterten Schrotflinte, dann geht jetzt noch der böse Jäger dort um, wo zuvor der schöne weiße Rehbock geweidet hatte. Ob er aber je Erlösung finden wird oder überhaupt erlöst werden kann, das vermag keiner zu sagen.

Der Schatz von Burg Hohenfels am Donnersberg

»Rasch!«
»Diese Möglichkeit bietet sich uns so schnell nicht wieder!«

»Hast du es denn gewusst?«

Nein, gewusst hatte es keiner der fünf Burschen, die in der Nacht aus reinem Übermut einen Ausflug zur Burg Hohenfels bei Imsbach unternommen hatten, dass in dem verfallenen Gemäuer nach wie vor Treppen aus reinem Silber in die Tiefe der Erde führten, aber jetzt, da sie zufällig darauf gestoßen waren, brannten sie alle vor Neugier, diese Stufen hinabzusteigen und nachzusehen, was ihnen erst der Keller oder Kerker an Reichtümer bieten würde.

Zu ihrem Glück hatte der Hans eine Fackel dabei, die entzündete er jetzt und hob sie hoch, damit er den restlichen Abenteurern voranleuchten konnte.

Das Silber warf die flackernden Flammen kalt zurück. Licht und Schatten huschten über die Wände. So ganz geheuer war unseren fünf Freunden also nicht.

»Hey, drängelt nicht so dahinten.«

»Nicht so schnell da vorn!«

»Nicht so laut, du da!«

Eine Fledermaus wurde aus ihrem Schlaf aufgeschreckt und flatterte torkelnd nur eine Handbreit über die Gruppe hinweg und hinaus ins Freie. Alle duckten sich instinktiv. Niemand von ihnen hatte je geahnt, dass Totenstille so laut in den Ohren dröhnen konnte.

»Wie weit ist das noch?«

»Wir sind doch mindestens schon zehn Stockwerke nach unten gegangen.«

Der Jüngste pfiff leise ein Lied, um sich selbst Mut zu machen.

»Lass das!«, zischte der Hans.

Sie stiegen weiter schweigend in die Tiefe, immer tiefer, Stufe um Stufe.

»Ich glaube, da ist etwas.«

»Ja, stimmt!«

»Dort ist eine Tür ...«

»Mach mal auf ...«

»Mach doch du auf.«

»Pst.«

Schließlich trat der Hans einen Schritt vor und drückte mit der flachen Hand gegen die glitzernde und schimmernde Tür. Langsam, Spalt um Spalt, ging sie knarrend auf – und erlaubte einen Blick in hell erleuchtete Gemächer voller Spiegel, Geschmeide, von der Decke hängender, kerzenbestückter Lüster, Schränke, Tische und Stühle aus Gold und Säcke gefüllt mit Münzen.

»Da, schau mal ...!«

Von diesem Raum, wie ja auch schon von der silbernen Stiege, hatten die fünf noch nie gehört und auch noch nie etwas gesehen, wenn sie am Tage an der Burg vorbeikamen. Die lag nämlich bereits seit vielen Jahren in Trümmern, die Dächer eingestürzt, die Kaminfeuer erloschen. Moos überzog die Steine und Bäume wuchsen auf den Zinnen. Zerstört hatte man die Festung ja bereits im Frühjahr 1351, weil dort Raubritter gehaust hatten, die eine Gefahr für die Umgebung gewesen waren.

Wer hätte da schon ahnen können, dass der Keller nach all dieser Zeit noch bewohnt war!

Sie betraten das Gemach, achtsam, leise, um nur niemanden aufzuwecken. Auf dem Tisch vor ihnen lag eine große Tafel, darauf häuften sich kostbares Geschmeide und Edelsteine. Neben dieser Tafel lag ein goldener Schlüssel, der sah so aus, als könnte er noch mehr Reichtümer erschließen.

»Willkommen! Tretet ein!«, knarzte eine Stimme aus einer der dunklen Ecken des Raumes.

Da sprang bei den fünfen das Herz erst höher, dann rutschte es in die Hose. Eintreten oder weggehen? Sie kamen näher und konnten erkennen, wer sie angesprochen hatte. Es war ein alter Mann mit schlohweißen Haaren und grauem Wams. Ein alter Mann, ein uralter Mann, der Geist des Berges. Sein langer weißer Bart floss von seinem Kinn bis zum steinernen Boden, er selbst lehnte scheinbar müde und erschöpft in einem thronartigen Stuhl aus Elfenbein.

Er beugte sich vor.

Sie wichen zurück.

»Was sucht ihr hier?«

»Nun«, entgegnete Hans, »wir waren spazieren und fanden die Treppen und dann Eure Türe offen. Da dachten wir – schauen wir mal rein, sehen wir, was der alte Herr macht!«

Die anderen wurden ganz bleich angesichts dieser kecken und kühnen Rede. Vielleicht war es aber nur das Strahlen des Lichts des Silbers, das ihre Gesichter grau aussehen ließ.

»Der Schlüssel«, erklärte nun der Berggeist in seiner langsamen Art, »führt euch zu weiteren Schätzen, wenn ihr ihn besitzt.«

»Dann gib ihn uns!«

Die fünf Freunde wussten, dass die Worte des Berggeistes kein leeres Gerede waren: Der Bauch des Donnersbergs steckte voller Schätze und edler Metalle, bloß konnte man gewöhnlich nur mit sehr viel Mühe darankommen, mit Stollen und Gruben und Bergwerken nämlich. Dieser Weg hier schien einfacher zu sein.

»Ihr könnt den Schatz mitsamt dem Schlüssel gerne euer Eigen nennen, wenn ihr mir einen Gesellen aus eurer Mitte schenkt!«, knarrte seine Stimme.

Die fünf blickten sich gegenseitig an.

Wen sollte sie da bloß nehmen? Den Ältesten? Den Jüngsten? Den Stärksten? Den Einfältigsten?

Plötzlich, wie auf ein geheimes Kommando, richteten sich alle Augen auf Hans. Er war der Mutigste, mit ihm würde es den meisten Streit geben, wenn es um die Verteilung des Schatzes ging. Nur der Hans, der merkte natürlich zuerst nichts, weil er so mit seinem eigenen Mut beschäftigt war. Aber schließlich spürte er doch die Blicke, die auf ihm ruhten!

Dann taten die vier anderen noch kurz so, als wollten sie sich ernsthaft beraten, dann zeigten sie wie auf ein geheimes Signal hin auf den Hans: »Nimm den!«

Der Berggeist erhob sich von seinem Thron und schwebte mit ausgestreckten Händen auf den Hans zu. Es sah so aus, als wolle er ihn erwürgen, und vielleicht hatte er auch genau das im Sinn!

Da dachte der Hans nicht lange nach und nahm die Beine in die Hand. Er stolperte in ohnmächtiger Angst die Treppen hoch, taumelte gegen das Geländer, kam endlich nach oben und ins Freie, eilte den Berghang hinab, bis er keuchend und völlig außer Atem mehrere Hundert Schritt von der Burg erschöpft im Laub zusammenbrach.

Seine Kameraden, auch nicht faul, nahmen die Verfolgung auf. Sie stürmten die Wendel-treppen hoch und den Berg hinab, bis sie das keuchende, menschliche Bündel vor sich neben einem Baum liegen sahen, dann stürzten sie sich auf ihn und bauten einen Berg über ihn und jeweils zu zweit ergriffen sie einen seiner Arme und banden sie zusammen und dann prügel-ten sie den armen Hans mit starken Ästen, die sie vom Boden aufgelesen hatten, wieder den Hang hoch bis zur Ruine der Burg Hohenfels.

Aber wie enttäuscht waren sie – und wie glücklich der Hans! –, als sie einfach die Stelle nicht mehr finden konnten, an der die silbernen Treppen nach unten geführt hatten, obwohl sie sich doch ganz sicher waren, dass es genau hier gewesen war, hinter diesem Mauereck, da, wo die alte Eiche wurzelte, neben diesem großen hinabgestürzten Buckelquader, also da war doch, da war doch das Mondlicht so draufgefallen, eigentlich konnte man das doch gar nicht verpassen. Aber auch in der näheren Umgebung lag der Einstieg nicht und obwohl sie, der gebundene Hans lehnte an einen Baum, bis in die Morgendämmerung suchten und sogar auf allen vieren krochen und in Schlitze und Klüfte im Fels spitzelten, fanden sie die Treppen kein zweites Mal.

»Na ja, nichts für ungut«, meinte da der Hinz treuherzig und band den Hans wieder los. »Sieht man sich dann heute Abend im Dorfkrug?«

Die Antwort von Hans ist nicht überliefert, aber wäre ich er gewesen, ich hätte mir wohl schleunigst andere Freunde gesucht!

Die Legende vom Hochsteiner Kreuz

K önnt ihr euch vorstellen – aber nein, das könnt ihr euch nicht mehr vorstellen, weil ihr mit Autos groß geworden seid und mit dem Flugzeug in den Urlaub fliegt, aber früher musste man jede Reise zu Fuß unternehmen und wenn die Leute nach Rom oder, was ihr vielleicht besser kennt, nach Santiago in Galizien pilgerten, dann mussten sie die gesamte Strecke laufen. Nur der Ritter ritt und der hatte auch nur schotterige und verschlammte Pisten durch den Wald. Und um solch einen hohen Herrn oder vielleicht auch nur Jägersmann geht es in der Erzählung vom Hochsteiner Kreuz.

»Na, was hast du denn? Lauf doch weiter!«

Sorgenvoll schaute der Reiter in die dunkle Nacht hinein. Sorgfältig setzte sein Pferd einen Huf nach dem anderen auf.

Den ganzen lieben langen Tag hatte der Jäger in den Wäldern über dem Alsenztal dem Wild nachgestellt, auf den Hirsch gepirscht, auf den Luchs gelauert, dem Wolfe nachgespürt. Nun war er müde und erschöpft und hatte über das Jagen und Pirschen ganz die Zeit vergessen und erst gemerkt, dass er so lange gesäumt hatte, als schon die Dämmerung hereinbrach.

Dass all das sich ereignet hat, da ist man sich in Winnweiler sicher, nur wer dieser Jäger gewesen ist, darüber gehen die Meinungen auseinander. Man weiß eben nicht mehr genau, wer das war – manche sagen, es sei ein unbekannter Jäger gewesen, andere wiederum, dieser Jäger sei sogar Graf Philipp von Burg Falkenstein gewesen, das ist aber nach der Inschrift am Kreuz kaum glaubwürdig. Denn da heißt es, der Mann habe Johannes Hag geheißen.

Jedenfalls also überraschte den Reiter die Dämmerung und aus der wurde bald das graue Blau der hereinbrechenden Finsternis und darauf noch schneller die finsterste Nacht. Der gute Mann schaute sich um und suchte nach etwas, was ihm vertraut vorkam, einem bestimmten Baum oder Fels, aber er fand nichts dergleichen. Er hatte sich, daran gab es nun keinen Zweifel mehr, in der Aufregung des Tages völlig verirrt und wusste nun nicht mehr, wo er sich befand oder wie er nach Hause zurückfinden sollte.

Der Mond verschwand hinter dicken schwarzen Wolkenfetzen, im Wald war es still, nur hin und wieder rief unheilvoll ein Käuzchen, raschelte es im Laub, weil Igel oder Fuchs nun ihrerseits auf die Jagd gingen. Hätte doch der volle Mond geschienen, so aber erkannte man am Himmel kaum mehr als eine fahle, dürre Sichel hinter dicken Schleiern.

Dem guten Jägersmann blieb keine andere Möglichkeit, als sich ganz seinem Pferd anzuvertrauen. Das war ihm stets ein treuer Gefährte gewesen und hatte ihn schon oft in dunkler Nacht sicher in sein Haus oder Jagdhaus oder Schloss zurückgeführt. Der Reiter ließ also die Zügel los und hoffte ganz und gar auf sein Ross.

Obwohl er von Natur aus überhaupt nicht zur Ängstlichkeit neigte, wurde dem Reiter doch allmählich bange. Zwar schritt sein Pferd mit fast traumwandlerischer Sicherheit über den engen Pfad zwischen Unterholz, Bäumen und Heidelbeeren; doch je finsterer die Nacht wurde, desto mulmiger war auch dem Reiter zumute. Er ritt, auch wenn er das schwer zu schätzen wusste, wohl schon seit mehr als einer Stunde durch diese unheimliche Finsternis.

Das leichte Schaukeln des Pferdes, das sanfte Auftreffen der Hufeisen auf den weichen Waldboden, das gelegentliche Schnauben – all das ließ ihn etwas Ruhe finden. Fast hätte er die Augen geschlossen und wäre sanft eingenickt.

Plötzlich ein neues Geräusch – das war jetzt kein Waldboden mehr, kein Belag mit altem Laub und gefallenen Kiefernnadeln. Es klang hart, wenn der Huf auftrat. Bei jedem Schritt kickte das Eisen kleine Steinchen vor sich her. Nun wurde auch das Ross ein winziges bisschen unruhig, es schüttelte den Kopf und schnaubte.

Dann gewann es erneute Sicherheit. Fest und unverzagt machte es noch zwei Schritte, vielleicht auch drei.

Dann blieb sein Ross stehen und wollte keinen Schritt mehr machen.

»Was hast du denn? Lauf doch weiter!«

Da half kein gutes Zureden, kein Druck mit den Sporen, kein Zug am Zügel – wie mit der Erde verwurzelt blieb der Gaul stehen und rührte sich nicht mehr.

Der Jäger konnte nichts tun – höchstens sein Pferd bei dem Zaumzeug nehmen und durch die Dunkelheit zerren, aber das wollte er nicht.

Der Reiter saß deshalb ab, breitete seinen Mantel auf dem Boden aus, rollte sich zusammen und versuchte, etwas Schlaf zu finden.

Am nächsten Morgen, als er müde die Augen öffnete, sah er – nichts! Er starrte in den blauen Himmel, höchstens ein oder zwei winzige Wölkchen schwebten im mächtigen Blau. Er sah unter sich und da lagen klein ein paar Häuser und ein felsiger Weg.

Sein Pferd war genau auf der Klippe stehen geblieben – nur ein Zoll weiter, und seine Hufe hätten keinen Halt mehr gefunden und Ross und Reiter wären in den Abgrund gestürzt und hätten den sicheren Tod gefunden.

Der Jäger erhob sich und fiel gleich wieder auf die Knie, faltete die Hände und dankte seinem Herrn – und seinem Pferd –, dass er errettet worden war vor dem sicheren Untergang.

Und er tat ein Gelübde und ließ an jener Stelle ein Kreuz errichten, auf dem man immer noch lesen kann:

»Gloria et laus Deo Meo
in Excelso: Iohannes Hag
V Mariann setst Christo
dieses Creuts zu Ehren damit
ein ieder der es sieht deselben
Lob und Ruhm soll mehrern. 1767.«

Das Kreuz aber sieht man von tief im Tal unten, wie es oben, klein und fast kaum zu bemerken, nach fast siebzig Metern steiler Felswand über den Rand lugt.

Ob das Sprichwort, dass das Glück auf dem Rücken der Pferde liege, an jenem Tag geprägt worden ist – man darf es ruhig bezweifeln. Dass das Sprichwort aber kaum je zutreffender war als in diesem Falle, das stimmt dann aber wohl doch.

Der rasende Bruder bei Burg Falkenstein

»Meine Hand passt wie die Faust aufs Auge. Sollst schon noch sehen!«
Danach kam es erneut, dieses laute Pochen an der Burgpforte.

Bumm – bumm – bumm.

Als wolle jemand die Tür aus schweren Eichenbalken eintreten.

Und dann wieder das trunkene Geschrei: »Komm raus, wenn du dich traust!«

So war er schon immer gewesen, der Melchior. Laut und ungezähmt, ein rechter Poltergeist. Aber eben auch sein Bruder.

Der Burgherr, der Graf von Falkenstein, seufzte und begab sich zum großen gotischen Fenster des Palas. Dort beugte er sich ganz weit hinaus, um in der hereinbrechenden Dämmerung über den Hof und die Schildmauer und über den breiten Burggraben hinüberschauen zu können.

Und tatsächlich: Da stand sein Bruder Melchior, hoch zu Ross und hochmütig, mit einer Gruppe seiner Krieger um sich versammelt, die alle Fackeln in die Luft schwenkten, obwohl es noch ausreichend hell war. Melchior liebte dramatische Auftritte. Im ganzen Rheingau, wo er mehrere Burgen besaß, war er dafür berühmt – oder besser gesagt: gefürchtet.

»Das Licht«, so hieße Melchior verdeutscht, oder gar »König des Lichts«, hatte ihm der Burgkaplan einmal erklärt. Doch dieses Licht fehlte dem Melchior, ganz besonders im Gemüt. Dort sah es nämlich immer finster aus, als habe man alle Läden dicht geschlossen.

»Hallo Brüderlein!«, schallte es jetzt zum Fenster hoch. »Warum so zaghaft? Schlüpf doch in deine Rüstung und komm raus zu mir!«

Der Burgherr breitete die Arme aus und zuckte mit den Schultern und senkte seinen Kopf. Das sollte heißen – was soll das?

»Hallo Brüderlein«, grölte Melchior weiter, »jetzt merke ich es wieder: Du bist wie ein weiches Ei, wie eine feige Sau, die im Dickicht Schutz sucht vor dem Jäger!«

Er hatte also wohl wieder getrunken und sehr wahrscheinlich mehr als einen oder zwei Becher zu viel des Guten. Dann wurde er immer ausfallend, der Melchior, aber auch unberechenbar. So wie er vor der Pforte stand, mit der Eskorte aus Reitern, mit umgeschnallten Schwertern und hoch emporgereckten Lanzen, mit bleckenden Kienspänen und besudeltem Wams, da hatte der Melchior wohl die ganze Nacht und den folgenden Tag gezecht, hatte einen dicken Kopf und war nur auf Händel aus – und da konnte ihn nichts mehr bremsen. Und in der Tat, der Graf von Falkenstein kannte seine Sippschaft gut. »Komm heraus und kämpfe, du Huhn!«, rief Melchior. Seine Zechgenossen und Kampfkumpane hinter ihm lachten laut und höhnisch.

»Huhn! Du bist kein Gockel, mein Bruder – ein Hahn kämpft nämlich, wenn es sein muss, mit spitzen Sporen. Du bist ein Huhn ...«, er sah hinter sich, ob seine Reiter ihm auch recht ordentlich zustimmten, lächelte zufrieden und wandte sich wieder an seinen Bruder, »... ein Huhn steckt nämlich den Kopf in den Sand, um ein Körnchen zu fressen zu finden, und rennt aufgeregt fort, wenn einer auch nur Buh! macht!«

Dann schob er mit einem Ruck seine Arme nach vorn und breitete sie seitwärts weg und rief, so laut er konnte: »Buh!«

Und er grinste bis über beide Ohren und seine Sauf- und Reitkumpane hinter ihm lachten auch, bis manche röchelnd und hustend aufhören mussten und derb Weinreste auf den Kiesweg rotzten. Gut, dass sie auf ihren Pferden sitzen, ging dem Grafen durch den Kopf, oder sie würden in ihrem eigenen Auswurf über den Boden rollen.

Er antwortete seinem Bruder zum ersten Mal. Ihm war das unwürdige Schauspiel peinlich. Viel lieber wäre er, wie er eigentlich vorgehabt hatte, nun bei der Abendandacht in der Burgkapelle, still und gesammelt, mit den Gedanken bei höheren Dingen als Suff und Streit. Aber gerade der Herr hatte ja gelehrt, wie man mit solchem Volk umzugehen hatte.

»Kehrt doch um, Bruder Melchior, und schlaft Euren Rausch aus und lasst uns morgen reden und essen, dann bereite ich Euch einen Fasan zu.«

»Ach, schlachtest du ein Huhn, weil du nicht Hahn genug bist?«, gab frech der Bruder zurück. Und er fuhr fort, den Grafen zu beschimpfen und zu bedrohen und zu beleidigen.

»Was sagt denn dein Weib dazu«, rief er, »dass du das Huhn bist? Spielt sie bei euch im Haus den Hahn? Sag mir, Brüderlein, wie oft hast du schon Federn lassen müssen? Genug, um deine Schlafstatt damit zu stopfen und so bequem zu ruhen, dass dir der Kampfesgeist im Dämmerschlaf ganz gewichen ist?«

Da musste sich der Burgherr schon arg beherrschen, um nicht selbst ganz wild und ungehalten auf seinen Bruder loszustürmen und ihm eine solche Backpfeife zu verpassen, dass selbst dieser notorische Säufer einmal die Engel im Himmel singen hörte. Aber er holte tief Luft, atmete durch, empfahl seine Seele dem Herrn, bat ihn, er möge ihm Langmut und Bruderliebe verleihen, schob dann den Kopf wieder aus dem Fenster und rief: »Kommt morgen und ich werde Euch eine köstliche Speise zubereiten lassen. Geht aber jetzt und schlaft Euren Rausch aus, damit Ihr Euch besinnen könnt!«

Melchior indes schlug mit den Armen, als wären sie Flügel, schob den Kopf wie ein Huhn vor und zurück und gackerte laut. Dann rammte er seine Lanze in den Boden. »Hast du nicht gehört, großer Bruder, ich fordere dich heraus zum Zweikampf!«

Der Graf von Falkenstein war ein frommer Mann und wollte sich so nicht versündigen. Er versuchte es erneut mit Liebe und Geduld: »Geht, Bruder, und kommt morgen wieder.«

Doch darauf ließ sich Melchior endgültig nicht ein: »Ich stürme jetzt die Burg und treib dich raus wie einen Dachs auf seinem Bau und dann spieße ich dich auf meine Lanze, dass dir Hören und Sehen und schließlich das Atmen vergehen wird!«

Die Burg zu stürmen war eigentlich ausgeschlossen – trutzig und wehrhaft hockte sie auf dem steil abfallenden, harten und schroffen Felsenriff. Melchior hätte das Doppelte seiner Mannen gebraucht oder das Vierfache, um wenigstens den Graben und die Schildmauer zu überwinden, und dann wäre er immer noch im Burghof gefangen und den Pfeilen und Speeren der Burgleute hilflos ausgeliefert gewesen.

Der Graf von Falkenstein fand noch immer freundliche Worte für seinen wütenden Bruder. »Ach, ein Zweikampf kommt mir heute schrecklich ungelegen …«

Aber als Antwort erhielt er nur noch weiteres und dazu noch immer lauteres Gegackere.

»Er ist ein Rasender«, stellte der Burgherr traurig fest. »Ich kann ihn wohl nicht umstimmen und es geht um meine Ehre!«

Als damit alles Zureden fruchtlos geblieben, zuckte der Graf etwas hilflos mit seinen Schultern und verließ das Burgfenster mit dem Ausrufe: »Melchior, wie du willst!« Er rief diese Worte zu seinem Bruder hin und wiederholte sie zur anderen Seite, zum Dorf, damit alle hörten, dass er nicht schuld war an einer Katastrophe, die sich auf dem Turnierfeld ereignen könnte.

Melchior aber freute sich und stieg von seinem Ross und stürmte zur Burgpforte. Aber auf dem Weg dorthin stolperte er – trunken, wie er nun einmal war – sogleich und stieß sich die Nase an, dass sie blutete. Und der harte Bursche musste weinen.

Da ging es ihm endlich auf, dass sein Schädel brummte und er nicht unbedingt der Schnellste und Wendigste war, wenn es gerade jetzt darum ging, das Schwert zu führen oder den Morgenstern zu schwingen. Sein Bruder, den er als Huhn beschimpft hatte, wollt ihm nur diese Schande ersparen und mehr noch – vielleicht sogar den Tode im Turnier.

Als sich deshalb die Tür zur Burg Falkenstein einen Spaltbreit öffnete, trat er, wackelig, aber um Festigkeit bemüht, einen Schritt vor, verneigte sich ohne jeden Hohn und bat seinen Bruder: »Ach, lass mich jetzt schon ein, werter Bruder, aber lass uns Zwist und Hader vergessen, denn du bist kein Huhn, sondern der stolzeste Aar, den ich mir nur vorstellen kann. Es gehört wenig Mut dazu, aufzubrausen, wenn man beschimpft wird, aber doch der Mut eines Leuen, so wie du gelassen zu bleiben und Böses mit Gutem vergelten zu wollen.«

Sie traten in die Burgkapelle, dann speisten sie gemeinsam ein karges Mahl und Melchior bat seinen Bruder um Vergebung.

»Immer warst du besser, nie war ich gut genug für Vater«, schluchzte Melchior los.

»Du bist ein wackerer Mann«, lachte da der Graf von Falkenstein, »der selbst sturzbetrunken noch die Traute hat, den besten Kämpfer des ganzen Reiches vor dessen unüberwindbarer Schildmauer frech zu einem Zweikampf herauszufordern – na, wenn das nicht tapfer ist!«

Und sie fielen sich lachend und versöhnt in die Arme.

»Gib du mir etwas von deiner Sanftmut und Versöhnlichkeit ab«, bettelte Melchior fröhlich und wie erlöst und der Graf gab zurück: »Dann schenke du mir ein bisschen von deiner Kampfespoesie, denn die fehlt mir nun völlig! Wie wünschte ich mir doch, dass ich mir solch einen Reim auf kriegerisches Federvieh machen könnte wie du!«

Und bei diesen Worten schlief Melchior in den Armen seines Bruders ein und er ruhte dort sicher wie in Abrahams Schoß und schnarchte laut und vernehmlich bis zum Mittag des nächsten Tages.

Der Graf von Falkenstein aber ließ zur Erinnerung an diesen denkwürdigen Tag über seine Burgpforte die Worte meißeln: »Melchior, wie du willst.«

Und da kann man sie heute noch sehen und sie beweisen, dass meine Geschichte wahr ist.

Was die Burgfrau tragen konnte ...

Wohl dem oder der, der oder die einen breiten Buckel hat ... und der oder die belastbar ist. Das hat sich schon oft gezeigt, so auch hier.

Hoch über Ruppertsecken am Donnersberg ragt die gleichnamige Burg auf. Ihr Besitzer, der Graf, muss den ihm überstellten Pfalzgrafen mächtig geärgert haben, jedenfalls belagerte Pfalzgraf Friedrich I. anno 1470 die Burg und war streng entschlossen, sie einzunehmen und zu schleifen. Nichts sollte von der mächtigen Festung übrig bleiben. Anfang Hebst, am 2. Oktober, rückte er mit seinen Mannen vor, ließ Zelte errichten und Barrikaden, schaute auf die Burg und wartete darauf, dass ihr Graf das weiße Handtuch schwenkte.

Das tat der aber am ersten Tag nicht.

Am zweiten Tag rumpelte ein Wagen mit Lebensmitteln zur Burg, den wies Pfalzgraf Friedrich I. ab und schickte ihn zurück ins Dorf.

»Wenn die da oben Hunger haben«, dachte er sich, »werden sie sich schon ergeben.«

Aber der Graf der Burg ergab sich auch am zweiten Tag nicht.

Der Pfalzgraf ließ tote Hunde und Katzen in die Burg katapultieren, damit sie dort die Brunnen vergifteten. Aber auch am dritten und vierten Tag ergab sich der Herr der Burg nicht. Also setzte der Pfalzgraf die Belagerung fort. Aber etwas wütend wurde er schon auf den störrischen Burgherrn, der sich nicht so einfach besiegen ließ. Schließlich ist Zeit auch Geld.

Er setzte seine Belagerung dennoch fort. Am siebten Tag war er sich sicher, dass es in der Burg nichts mehr zu essen und nur noch giftiges Wasser zu trinken gab. Er ließ seinen Trompeter blasen und forderte den Burggrafen auf, sich zu ergeben. Doch der lachte ihn nur aus.

So zog sich die Belagerung hin in die zweite Woche. Das ärgerte Friedrich noch mehr, weil er seiner Gattin versprochen hatte, rechtzeitig wieder zu Hause zu sein. Nun zog sich dieser klitzekleine Krieg immer weiter hin – und so ganz unnötig, denn der Herr von Ruppertsecken musste ja nur klein beigeben!

Jedes Mal, wenn der Pfalzgraf vor die zinnenbewehrten Mauern der Burg trat und laut nach oben fragte, ob sich der Herr denn nicht ergeben wollte, lachten ihn die Leute in der Burg aus.

Und so ging es weiter, Tag um Tag, bis zwei Wochen verstrichen waren.

Als sich die Burg Ruppertsecken demnach auch am vierzehnten Tag noch nicht ergeben hatte, wurde dem Belagerer allmählich klar, dass er so nicht ans Ziel kam. Also beschloss er, es mit einer List zu versuchen. Dass das Ganze zwei Wochen dauerte, sagt vermutlich einiges über den Grips eines Kriegers aus!

Seine List übrigens war eine sehr einfache: Er befahl, zwanzig weitere Katapulte kommen zu lassen, dazu Pech und Schwefel und Feuer, große Kugeln aus Eisen und Stein, Bogenschützen und Lanzenwerfer, und umstellte die Burg so eng und bedrohlich, wie er nur konnte. So ausgestattet, gelang ihm das nicht einmal schlecht!

Er trug den Belagerern auf, ja recht viel Krach zu veranstalten, und dem Trompeter, die Posaune zu blasen, damit die Mannschaft der Burg vortreten und selbst von der Mauer aus betrachten konnte, wie aussichtslos ihre Lage plötzlich geworden war.

Dann ließ er nach der Gattin des Burgherrn schicken. Er hätte ihr ein Angebot zu machen. Sie schlich sich weg, heimlich, damit ihr Mann nichts davon merkte, und hinein in das Zelt von Friedrich.

»Gute Frau«, eröffnete er das Gespräch, nachdem er ihr ein Glas Latte macchiato und ein Stück Torte angeboten hatte. »Euer werter Herr Gemahl hält mich nun schon lange genug zum Narren. Ich möchte diese leidige Sache aus der Welt bringen.«

Die Burgfrau nickte.

»Nun, Ihr seht, welche Zahl an Mannen ich hier versammelt habe. Eure Chancen sind so gering, sie gehen nun gegen null. Morgen werde ich die Burg stürmen und dabei muss ich – so leid mir das tut – alles niedermetzeln, was sich mir in den Weg stellt. Das wird ein ziemliches Blutbad werden und ich fände es außerordentlich schade, wenn Ihr darunter nur wegen Eures störrischen Gatten leiden müsstet.«

Die Burgfrau nickte wieder. Der Pfalzgraf hatte recht. Die Burg hatte keine Chance. Und Blutflecken gingen wirklich schwer raus.

»Was meint Ihr, lieber Pfalzgraf, kann ich dagegen tun?«

»Nun, erstens könntet Ihr Euren Gatten zur Vernunft und damit zum Aufgeben bringen ...«

Die Burgfrau schüttelte den Kopf. Das konnte sie nicht.

»Dann richtet Eurem Gatten wenigstens aus, dass er morgen sein Ende finden muss. Um aber zu zeigen, dass es nichts Persönliches ist und es mir hier nur um die Sache geht, dürft Ihr die Burg verlassen, bevor meine Armee alles niedermacht.«

»Na gut«, entgegnete die Gattin des Burgherrn, »dann lebe ich, aber wie lebe ich? Kein Geld, keine Bediensteten, kein gutes Buch zum Lesen, nicht mal ein leckerer Schoppen Wein für den Feierabend ... Das klingt mir denn doch reichlich düster.«

»Da habt Ihr recht«, musste Friedrich beipflichten. »Um zu zeigen, was für ein guter Kerl ich doch bin, könnt Ihr mitnehmen, was Ihr auf dem Rücken tragen könnt, damit wenigstens die Grundausstattung garantiert ist. Aber weitere Zugeständnisse, das fürchte ich, sind jetzt nicht mehr drin. Euer Mann wartet auch sicherlich schon auf Euch. Wir haben uns ganz verplaudert. Wie die Zeit vergeht!«

Die Burgfrau entschuldigte sich, kroch durch den geheimen Gang zurück in die Burg (nicht, ohne sich vorher vergewissert zu haben, dass ihr niemand folgte) und lief, so schnell sie konnte, zu ihrem Mann und erzählte ihm alles.

In dieser Nacht schliefen alle unruhig: die Burgfrau, weil sie nicht wusste, welche Zukunft sie erwartete, der Burggraf, weil er nicht sterben wollte und weil er wusste, dass sein Widerstand keine Chance mehr hatte, und der Pfalzgraf, der sich freute, dass sein Krieg endlich siegreich zu Ende gehen würde. Sie wälzten sich auf ihren Lagern, während die hell und strahlend funkelnden Sterne über das Firmament zogen, bis im Osten die Berge sich allmählich rot und dann immer röter färbten und schließlich eine frische und ausgeschlafene Sonne blutrot über den Horizont stieg.

In dem unermesslich großen Heer des Pfalzgrafen herrschte eine gewaltige Anspannung. Alles starrte auf die Tür. Würde der Burgherr seine Gattin an der Flucht hindern? Würde er aufgeben, um sein Leben zu schonen? Ja, was würde denn geschehen?

Alle starrten auf die Tür und es tat sich nichts. Friedrich blickte zu seinem Trompeter hin, der wartete nur auf ein Zeichen. Friedrich besann sich, noch ein paar Minuten zu warten.

Er holte tief Luft. Pferde schnaubten. Auf der Wiese krächzten ein paar finsterschwarze Raben, die umherstolzierten und auf ihren Anteil der Schlacht warteten.

Dann endlich, der Pfalzgraf wollte seinem Trompeter bereits winken, damit er das Signal zum Sturmangriff gab, knarrte die Burgtüre ganz leise. Alle hielten den Atem an.

Die schwere Tür der Pforte, aus großen Eichenplanken gezimmert, öffnete sich erst einen Spaltbreit, dann wieder ein Stück, und dann weiter ganz langsam, bis sie offen stand.

Heraus trat die Frau des Burggrafen. Mühsam, fast wankend, trat sie unsicher Fußbreit für Fußbreit durch die Pforte. Sie wirkte unförmig und gebeugt – war das allein die Sorge? Nein, sie trug ein großes, schweres Bündel auf dem Rücken … ihren Gatten!

Sie durfte mitnehmen, was sie bei sich tragen konnte, hatte ihr der Pfalzgraf Friedrich versprochen – und nun zeigte sich, dass es ihr Mann war, das Wertvollste, was es für sie gab auf der Welt.

Das erbarmte und rührte Friedrich von ganzem Herzen. Er musste an sein eigenes Weib denken, eine rechte Xanthippe mit Haaren auf den Zähnen. Dann musste er lachen. Er lachte dröhnend und steckte damit seine ganze Streitmacht an, bis alle fröhlich lachend die arme Frau betrachteten, die mit ihrer schweren Last ganz langsam auf sie zuhumpelte. Aber sie lachten die Frau dennoch nicht aus, sie lachten mit ihr, freuten sich über ihren Witz und ihre Treue zu ihrem Mann. Die Soldaten lachten nicht über sie, sondern für sie – und das war immerhin ein gutes Zeichen. Das merkt auch ein Feldherr, der – wenn er nicht ganz auf den Kopf gefallen ist – seinen Soldaten gibt, was diese von ihm erwarten, damit sie nicht murren.

»Setzt Euren Herrn Gemahl ab und kommt zu mir«, rief der Pfalzgraf laut. »Er ist frei und sein Leben soll geschont bleiben. Um so viel Treue eines liebenden Weibes zu ihrem Gatten zu belohnen, sollen auch alle Verteidiger die Burg nun lebend verlassen und lebend von dannen ziehen dürfen. Sie alle werden verschont!«

Wer beschreibt den Jubel? Lauter wird es nicht einmal zugehen können, wenn der erste FC Kaiserslautern wieder in die Bundesliga aufsteigt! Natürlich mussten die Kämpfer aus der Burg ihre Waffen dalassen und leider auch ihr persönliches Hab und Gut, aber Gesundheit und Leben wurden geschont – und was nutzt einem schon eine Rolex, wenn einem der Hals aufgeschlitzt worden ist? Eben!

So viel Menschenfreundlichkeit benötigt allerdings auch einen Ausgleich: Die Burg plünderte Friedrich aus bis auf das letzte Fitzelchen Zeug, dann ließ er die Mauern abreißen und niederlegen, bis nicht einmal mehr ein kauziger Uhu darin hausen wollte. Den Wiederaufbau aber ließ er per Gesetz und mit Stempel für alle Tage verbieten. Ruine ist die Festung bis heute tatsächlich geblieben.

Es braucht auch keiner mehr eine Burg. Aber eine Ehefrau wie die, auf deren Rücken der Mann gerettet wurde, die braucht man auch heute noch.

Die Geisterschlacht

W enn schon die nicht zur Ruhe kommen, die im Leben schwer gesündigt oder die vom Tod überrascht worden sind, um wie viel mehr müssen dann die vielen Seelen umgehen, die in einer einzigen Schlacht niedergemäht, deren Lebensfaden mit einem Male, aber zu vielen, durchgeschnitten wird? Soldaten, die eine Schlacht nicht überleben?

Wir befinden uns in der ersten Hälfte des 12. Jahrhunderts bei Neuleiningen.

»Hast du schon gehört?«

»Was denn, Mechthilde?«

»Gestern ist es ja wieder passiert. Ein paar der beherztesten Burschen des Dorfes sind näher gekrochen und haben alles beobachtet. Und sie bestätigen, dass jedes Wort stimmt, was man so sagt.«

»Wirklich?«

»Ja, also stell dir vor, der Karl, der ist ja sonst nicht sonderlich scheu. Aber der kam gestern Abend mit schlohweißen Haaren durch die Tür und wollte nichts sagen. Als er dann aber etwas sagte, da stotterte er. Dann hat er sich hingelegt und jetzt schläft er noch immer, obwohl wir seiner Hände Arbeit auf dem Hof heute gut hätten brauchen können!«

»Der Karl? Mit schlohweißen Haaren? Wo er doch sonst so hübsch kastanienrot gewesen ist? Das ist doch eine Eiche von Kerl! Die Frau, die den mal ehelicht, die hat einen guten Schaffer auf dem Feld!«

»So ist es. Nun, was er uns berichtete, das war Folgendes: Es ist ja gestern wieder einer dieser Tage gewesen, wo das geschehen soll. Also ging er mit einigen Kameraden, den Hinz kennst du ja, der hatte sogar einen Prügel dabei, damit nichts Schlimmes passiert, und noch ein paar andere, und sie gingen zu einem Gebüsch am Berg mit der Höhle, wo die immer hervorkommen.

Und kaum hatte die Glocke der Kirchturmuhr die sechste Stunde geschlagen, da geschah es auch schon. Da, wo sonst die Höhle ist, da war ein seltsames Licht, Gott bewahr, dass es nicht die züngelnden Flammen der Hölle gewesen sein mögen, und dann zog aus dem Erdloch wie stets die Schar der Geister. Die waren fahl, sagt der Karl, und jeder trug einen Harnisch und ging zu Fuß mit dem Schwerte oder saß hoch zu Ross und die Rösser schnaubten und scharrten mit den Hufen in der Erde, dass es selbst dem Karl ganz unheimlich wurde.

Und dann ging der ganze Heerwurm hinaus auf die Ebene und da kämpften sie dann, Mann gegen Mann, Kriegsross gegen Kriegsross, und die Waffen klirrten und die Schwerter blitzten und die Lanzen spießten. Man hörte das Aufbäumen und Schnauben der Rösser, das Geschrei der Krieger und das Jammern und Flehen der Verwundeten und Verstümmelten. Und dann, Schlag neunte Stunde, standen alle auf, sammelten sich in Formation und zogen zurück in den Berg.

Und der Karl, der war vom Anblick schlohweiß geworden. Wer kann schon sagen, ob er sich noch einmal erholt? Und wer hilft dann bei der Ernte?«

»Ach, das muss ein Ende haben. Seit fast drei Jahren geht das jetzt schon so und es reicht ja nicht, dass wir im Dorf kein Auge zukriegen bei dem Lärm und Geklirr und Gehämmere. Ich selbst hätte das ja nicht zu sehen brauchen, aber ich verstehe ja, dass der Karl und ein paar Burschen neugierig geworden sind. Aber vor solchen Sachen muss man eben auch eine heilige Scheu haben. Wollen wir doch hoffen, dass es nur der Schreck ist, der ihm in die Glieder gefahren ist, und keine Strafe des Himmels oder des Herrn der Fliegen.«

»Ihr sprecht vom Karl?«, fragte da der Hinz, der vorbeikam. Er war ganz fahl, weiß wie Schnee. Auch an ihm war das Ganze nicht ohne Spuren vorbeigegangen. »Nach dem habe ich eben gerade gesehen. Der ist wieder auf den Beinen, aber wackelig. Ich verspreche euch: Wenn eine ganze Schar Geister mit Kronen und Geschenken ins Dorf kommt, nie wieder schau ich hin. Ich mache die Läden zu und ziehe mir einen Mehlsack über den Kopf, damit ich ja nicht in Versuchung komme. Mir reicht's!«

»Ja, aber was sollen wir dann tun? Seit Jahren geht das nun so und der Krach wird mit jedem Mal ärger!«

»Seid unbesorgt! Ich habe mir heute Morgen vom Hufschmied das Ross geborgt und bin nach der Limburg geritten und habe dort den Abt des Klosters um Rat gebeten. Bisher hat sich ja niemand getraut, herauszufinden, woher das Geisterheer kommt, wir haben es nun getan, und das habe ich Abt Ruppert erzählt.«

»Was kann der schon tun?«

»Der Abt ist ja ein gelehrter Mann und tapfer ist er, das muss man ja niemand erzählen. Der wird kommen und er wird tun, was ein heiliger Mann mit einem Kessel Weihwasser tun kann, um dem Teufel zu zeigen, dass immer noch der liebe Gott die Hosen anhat in unserem Land!«

Da hörte man schon Lärm von der Dorflinde her, weil der Abt Ruppert angeritten gekommen war und nun abstieg. Wie schnellten da die Hände der Maiden und Mägde zu ihm hin, um dem weisen Mann einen Becher kühlen Wassers zu reichen. Ruppert lächelte.

»Wollen wir doch sehen«, verkündete er laut, »ob nicht das Wort des Herrn obsiegt über all den Lärm des Spuks, der euch belästigt!«

Dann, nachdem er einen festen Schluck Wasser genommen hatte, bekreuzigte er sich und ritt weiter, von der Linde zum Acker und von dort zu dem Hang des Berges. Dort öffnete sich an den Tagen des Geisterspuks eine Tür zu der Höhle, in der die Gespenster und Ungeheuer lauerten.

Dann kniete er sich hin in seiner Kutte, zog die Kapuze über den Kopf und betete still. In sicherer Entfernung kauerten die Dörfler auf dem Boden und unterhielten sich andächtig im Flüsterton. »Ob er helfen kann?«

»Zumindest hat er den Mut, etwas zu tun!«

»Ob ein Mönch reicht gegen hundert Berittene?«

»Und wenn es des Teufels Kreaturen sind?«

»Ist er doch ein Mann der Kirche!«

Aber das Getuschel verstummte augenblicklich, als sich knarzend im Waldhang eine gewaltige Pforte öffnete und die Spuksoldaten auszogen, in geordneten Reihen. Nun wollte aber an diesem Abend der Zug gar kein Ende nehmen und immer neue Lanzenknechte, Bogenschützen, Ritter und Rosse kamen aus dem Loch hervor wie Gewürm, das die ganze Erde überfluten will. Dann stellten sie sich auf der Ebene auf und rannten gegeneinander, und zwar heftiger und ärger und länger als je zuvor, und das Klirren war so laut, dass die Tiere in den Ställen erwachten und voller Angst schrien, muhten und blökten. Weil der Kampf so heftig war und die Zahl der Gespenster so zahlreich, bekreuzigten sich die Dörfler vor Angst immerzu. Das Streiten schien kein Ende nehmen zu wollen, Waffengang folgte auf Waffengang, hatte es doch schon am Abend begonnen. Schließlich aber, nach langen Stunden der reinen

Angst, die viele fast irrsinnig gemacht hatte, sammelten sich die Recken wie stets zur neunten Stunde am Nachmittag des nächsten Tages, um zurück in ihre Höhle zu ziehen.

Aber jetzt – und die Leute aus Neuleiningen hielten vor Schreck den Atem an, als er das tat – stellte sich Abt Ruppert von der Limburg den heimkehrenden Soldaten in den Weg!

»Im Namen Jesu!«, donnerte er ihnen entgegen und hielt das Kruzifix in die Höhe. »Bleibet stehen und steht mir Rede und Antwort!«

Da verharrte der Zug der Streiter, als sei er zu Eis geworden, von einem Augenblick auf den nächsten.

»Also, wer seid Ihr?« Abt Rupperts Stimme schwankte kein bisschen, da war keine Spur von Furcht zu bemerken, nur Zuversicht.

»Wir sind«, sprach einer der Soldaten, der zuerst vortrat und den Abt militärisch kurz mit einem Hackenschlag grüßte, »die armen Seelen derer, die vor etlichen Jahren im Kampfe gegen ihren rechtmäßigen Fürsten gefallen und unbegraben an diesem Berge liegen geblieben sind. Du siehst wohl unsere Waffen, das Flämmchen aber, das du kaum siehst, ist ein unerträgliches Feuer, das uns martert.« Denn in seinem Bauch flackerte ein kleines blaues Kerzlein.

Da erkannte der Abt, dass es unerlöste Seelen im Fegefeuer waren, die kämpfen mussten, weil sie Schuld auf sich geladen hatten. Er dachte aber, dass er die Macht hätte, sie zu erlösen, wenn sie das wirklich wollten. Denn Geister, die umgehen, dürfen ja nicht in den Himmel, sondern müssen warten, bis ihnen jemand diese Frage stellt, damit sie nie mehr zu spuken haben.

»So wollt Ihr denn erlöst werden?«, fragte Abt Ruppert deshalb.

»Oh ja«, antwortete der Geistersoldat erneut, »durch milde Gaben und Gebet. Betet für uns!«

Und wie auf ein Kommando brüllte die gesamte Geisterschar, und das klang unheimlicher als tausend Uhus zusammen vor einem Echofelsen: »Betet! Betet!«

Darauf wurde das kleine blaue Lichtlein, das nichts war als ein Widerschein der wilden, zuckenden Flammen des Fegefeuers, immer größer und größer, bis es jeden einzelnen Soldaten verschluckt hatte und dann plötzlich im Berg verschwand.

So mancher Zuschauer griff sich da ans Herz, weil der Anblick so grauenhaft gewesen war, dass das ein paar Takte lang ausgesetzt hatte. Dann überlegten sie, wie feige sie doch gewesen waren im Vergleich zu Abt Ruppert. Aber der konnte schließlich lesen und hatte dadurch klar einen Vorteil. Jedenfalls flüsterte die Mechthilde auf dem Rückweg ins Dorf ihrer besten Freundin zu, dass ein Abt, der sich einem ganzen Heer der Hölle gegenüberstellt, ganz sicher auch noch für deren Erlösung sorgen könnte.

Der Mönch aber ritt zurück nach der Limburg und betete mit seinen Brüdern für die Soldaten und die braven Bürger von Neuleiningen taten dasselbe. Der Mönch aber, der – wie gesagt, tapferer war als hundert Rambos und drei Bruce Willis zusammen – kehrte nach dreißig Tagen des Betens und Fastens zurück zum Berg und hielt dort Wache, aber zur Mitternacht kam kein Soldat aus der Erde und auch zur sechsten Stunde nicht, zur neunten Stunde aber hörten alle, nachdem es zuvor so stille gewesen war, ein unglaublich lautes Jubeln aus dem Berg, das zeigte, dass die Soldaten erlöst worden waren und endlich ihren Frieden gefunden hatten.

Der Junker von Randegg

» Wenn ich sie nicht kriege, dann soll keiner sie haben!« Das schnaubte der hartherzige Haardt-Junker von Randegg, dann schlug er mit der Faust auf die grobe Tischplatte, dass die Gläser klirrten und fast umfielen. Dann stand er wieder auf und ging erneut in seiner Kammer drei Runden im Kreis. Es wollte ihm einfach nicht aus dem Kopf gehen, dass die Frau, die er auserwählt hatte, die Seine zu werden, sich in einen anderen verguckt hatte!

Sie war so schön, fast ein Engel. Man mochte fürchten, das Licht strahle durch sie hindurch, wenn sie sich vor ein Fenster stellte, die Jolantha, die liebliche Tochter des Leiningers. Wie oft hatte er sich ihr genähert, war so sanft gewesen, wie es seine Natur nur zuließ, hatte sie umworben und umbuhlt, sie aber hatte ihn nicht bemerkt und auch nie beachtet. Sie hatte immer nur Augen für den anderen gehabt, den vermaledeiten Graf Egmont. Was er wohl hatte, was der Junker nicht hatte?

Nun wurde von Hochzeit getuschelt.

Hochzeit!

Und tatsächlich. Keinen Tag darauf kam ein berittener Trompeter vorbei, blies in sein Horn und verkündete offiziell und mit Siegel des Fürsten die Vermählung seiner Tochter Jolantha mit dem Grafen Egmont. Jetzt musste der Junker all seine Kraft aufwenden, um das zu verhindern. Es brauchte nicht lange, da hatte er sich einen wahrlich teuflischen Plan ausgedacht.

Gleich am nächsten Morgen ritt er zu der Mühle, die am reißenden Mühlbach unweit der Burg der Leininger im Tal stand.

»Hallo Müller!«, rief er, als er an die Tür pochte. »Wie laufen denn dieses Jahr die Geschäfte?«

Der Müller, der fürchtete, man wolle seinen Steuersatz erhöhen, begann sofort und augenblicklich zu klagen: »Ach, schlecht, schlecht, mein Herr. Erst war es zu kalt, dann zu nass, dann zu heiß, dann zu gewöhnlich. Das Korn ist zu viel und dann doch wieder zu wenig und von schlechter Qualität. Ich bin froh, wenn mir ein Heller bleibt, um den Mühlkanal zu reparieren. Der ist ja ganz malad, die Sorge drückt mich Tag und Nacht!«

»Dir kann geholfen werden«, sprach der Junker von Randegg da schnell. Er kramte in seinem Rock und fischte aus seiner Tasche einen Beutel aus Bocksleder, der klimperte und schellte, als er ihn auf den Tisch des Müllers legte. »Dadrin sind Heller, Taler und Dukaten. Genug, um deinen Kanal zu reparieren und dir einen leckeren Hirsch auf den Tisch zu zaubern. Du musst nur eines dafür tun, nämlich den Steg am Mühlbach durchsägen, und zwar morgen in der Frühe, wenn keiner dich sieht.«

Das war dem Müller dann doch unheimlich. »Aber wenn jemand drauf geht und stürzt? Der Mühlbach ist da sehr schnell und reißt jeden mit sich, der ...«

»Lass das nur nicht deine Sorge sein«, unterbrach ihn der Junker scharf, »und wenn doch, dann hast du den Beutel mit Münzen als Ruhekissen.«

Da verstand der Müller, dass der Junker etwas Schlimmes plante, aber ihm gefiel auch der hübsche Lederbeutel. Also nickte er und steckte ihn ein und zeigte dem Junker eine Hintertür, durch die man geduckt aus der Mühle kommen konnte, ohne von der Burg aus gesehen zu werden.

Am nächsten Morgen klopfte der Junker höflich an der Leininger Burg an und bat das Brautpaar, den Grafen Egmont und die bezaubernde Jolantha, sowie ihre beste Freundin, die schon seit Tagen trainierte, den Brautstrauß aufzufangen, die fesche Ida, zu einem Ausflug.

»Ich möchte Euch, edle Jolantha, die Sägemühle zeigen.« Er deutete ins Tal.

»Wenn die Sonne so steht, wie sie jetzt steht, dann bildet der Wasserstaub im Licht ein wunderbares Schauspiel, so schön und durchscheinend wie Ihr.«

Da auch der Graf Egmont nicht wenig Lust hatte, sich in den Tagen vor seiner Vermählung das Land genauer zu betrachten, brach die Gruppe unter Führung des Junkers auf und spazierte ins Tal hinunter.

Es war ein hübscher Tag: Auf der Wiese blühten die Blumen in allen nur erdenklichen Farben und Formen, ein milder Wind umschmeichelte die Halme aus grünstem Gras und im Wald zwitscherten fröhlich die Vögel. Es war, als wollte selbst die Natur die Hochzeit der Brautleute feiern.

»Ist denn alles in Ordnung?«, rief der Junker dem Müller zu und der Müller antwortete: »Es ist alles vortrefflich eingerichtet.« Da grinste der Junker übers ganze Gesicht, das erste Mal seit Wochen, dass er wieder lachen konnte.

Die kleine Ausflugsgruppe betrachtete sich das herrliche Schauspiel, das das Schöpfrad bot. Das mächtige Rad furchte in den schnell murmelnden Mühlbach, hob das Wasser in großen Trögen empor und ließ es in tausend regenbogensprühende Tröpfchen zerstieben. Jolantha stand mit offenem Munde da und sah sogar noch hübscher aus als sonst.

»Nun zeige ich Euch das Innere der Mühle. Der Müller hat, so höre ich, frisches, leckeres Landbrot gebacken, extra für uns und in reiner Bio-Qualität.«

Er ging voran. Der Weg führte über den Mühlbach. Vor dem Steg aber blieb der Junker stehen und zeigte auf die andere Seite des rauschenden Gewässers, wo sich die Mühle in einer leichten Senke erhob.

»Euch, meiner Holden«, sagte der Junker und verbeugte sich tief, »soll als schöner Braut der Vortritt gelassen werden.«

Nun war die Tochter des Leiningers nicht nur hübsch, sondern gesittet und zart von Gemüt. Noch immer wühlte ihre Brust das Naturschauspiel auf, das sie gerade gesehen hatte. Sie wusste auch gar nicht, ob es schicklich war, als Dame als Erste eine Brücke zu überqueren, oder ob das der Kavalier zu tun hatte.

»Ach, ich kann nicht sagen, ob ich wirklich als Erste gehen soll. Wäre das nicht unhöflich?« Und sie stand bloß da und blickte hinab in den strudelnden Bach, der in vielen kleinen Wirbeln unter dem Steg durchströmte.

Da packte der Junker sie am Arm und wollte sie über das Brett des Todes zwingen. »Geht doch! Geht doch!«, rief er laut und drängend. Das aber machte die Jungfrau nur noch zaghafter.

»Zerrt doch nicht so«, bat sie, die so arglos war, dass sie von niemandem überhaupt etwas Böses befürchtete.

Da eilte von hinten Ida heran, ihre muntere und fröhliche Freundin.

»Ich will's enden! Kommt nach!«

Und sie trat auf die Diele.

Aber kaum war sie zwei Schritte gegangen, da brach diese an der vom Müller angebrachten Sollbruchstelle entzwei und ließ die Jungfrau Ida in den tiefen und tosenden Mühlbach stürzen, wo sie die Wasserwirbel und die starke Strömung sofort unter die silberglänzende Oberfläche rissen. Die Strömung schob sie unbarmherzig gegen das lustig sich drehende

Mühlrad und dessen Planken zerschlugen ihr jeden Knochen im Leib, sodass sie jämmerlich an den erlittenen Verletzungen und inneren Blutungen sterben musste.

Hilflos, ohne sie retten zu können, mussten Jolantha und Graf Egmont zuschauen, wie die Brautjungfer zerschlagen, unter Wasser gedrückt, wieder aus dem Bach herausgeschleift und erneut gemartert wurde, bis der letzte Hauch des Lebens aus ihr gewichen war.

»Was ... was war das?«, brachte der Bräutigam gerade noch heraus.

»Wer kann sie retten?«, fügte die Braut hinzu, denn nur die einfachen Burschen, nicht aber die adeligen Herren konnten schwimmen. Aber es war kein Mann aus niedrigem Stand in Sicht.

Da packte den Junker allerdings die doppelte oder dreifache Wut, die er ohnehin schon gefühlt hatte, und er warf sich auf Jolantha, um auch sie ins Wasser zu stürzen und zu ertränken.

»Warte, du Teufel!«, schrie da Graf Egmont, den die Wahnsinnstat seines Nebenbuhlers aus seiner Schockstarre löste, und mit diesem Ruf sprang er auf den Mordgesellen, schlug ihn nieder und entriss ihm seine Geliebte und Verlobte. Den Junker aber hatte er mit einem Kinnhaken k. o. geschlagen, der lag nun ohnmächtig im Gras.

»Schickt mir nach den Knechten«, rief er einem Pagen aus dem Gefolge zu. Der eilte zur Burg und holte ein paar starke Männer, die banden den Junker wie den Müller und führten beide zur Burg ins finsterste Verlies.

Noch am selben Abend wurde er in den Burghof gebracht und im flackernden Licht der Fackeln enthauptet. Aber noch kurz vor seinem Tode warf er dem Grafen Egmont einen bösen Blick zu und der lieben Leiniger-Tochter Jolantha sogar einen ganz und gar giftigen. Aber da rollte auch schon sein Kopf.

Als der Tag der Hochzeit gekommen war, fragte sie der Leininger Fürst, was sie sich zu ihrem schönsten Tage wünschten. Da besannen sich die Brautleute darauf, dass man Gnade vor Recht walten lassen soll, weil das im jenseitigen Leben als gute Tat angerechnet wird.

»Bitte, Vater, hol doch den Müller aus dem Kerker«, baten sie, »und begnadige ihn. Das sei dein Geschenk an uns, auf dass jedem von uns diese Tat ins Buch seiner guten und schlechten Werke eingeschrieben werde.«

Der Leininger ließ den Müller aus dem Keller holen und begnadigte ihn tatsächlich, verbannte ihn aber auf Lebenszeit aus seinem Lande.

Der Mann fiel auf seine Knie, küsste die Hände des Brautpaares und wünschte ihm alles Gute. So dankbar war er, dass man meint, er habe später ein mustergültiges Leben geführt.

Den Junker von Randegg aber kann man bis zum heutigen Tage umgehen sehen im Leininger Land, wo er vom Berg hinabsteigt zur Mühle und heult und klagt, dass die Leute die Fensterläden ganz dicht zuklappen und sich das Kopfkissen über die Ohren drücken, wenn sie schlafen wollen.

Vorderpfalz und Haardt

Die lederne Brücke zwischen Erfenstein und Spangenberg

Nichts gleicht der Liebe unter Brüdern, nichts aber kommt auch dem Zorn zwischen Brüdern gleich. Und wer dem Hader unter Brüdern, dem tödlichen Streit zwischen Verwandten des Blutes, wie er zuweilen auszubrechen pflegt, ein Denkmal setzen wollte – er könnte nichts Besseres tun als ins enge Elmsteiner Tal zu fahren, bis zur siebten Biegung hinter Lambrecht, und in die Höhe aufzuzeigen zwischen die zernagten Stümpfe der Burgen Erfenstein und Spangenberg. Erfenstein, das ist der lange, schmale Turm mit den Zinnen, Spangenberg, direkt gegenüber auf dem hoch aufragenden Buntsandsteinklotz, ist die Burg mit der dicken Schildmauer und der gemütlichen Schenke.

In den alten Chroniken ist verzeichnet, dass die Spangenberg dem Speyerer Fürstbischof gehörte, der sie an Ritter verpachtete, die dort sein Gestüt betreuten, von dem die gewaltigen Steinpfeiler des sichernden Gatters nach wie vor im dunklen Wald aufragen. Die Erfenstein auf dem Berg gegenüber aber war Besitz der Leininger Grafen – und die konnten sich nicht ausstehen. Dem geistlichen Herrn war der weltliche Fürst ein Dorn im Auge und der weltliche Fürst wollte dem geistlichen Herrn nichts gönnen, vor allem nicht die stolzen Rosse. Selbst noch als beide ihre Vesten veräußert hatten, nahmen die beiden neuen Besitzer an einem Krieg teil, der Weißenburger Fehde zwischen Kurfürst Friedrich I. von der Pfalz und seinem Vetter, Herzog Ludwig I. von Pfalz-Zweibrücken, im Jahre des Herrn 1470, und zwar erneut auf gegnerischen Seiten, und so wurde zuerst die Erfenstein, dann die Spangenberg zerstört.

Das Volk aber weiß es besser und erzählt eine Geschichte, die die alten Pergamente nicht verzeichnen, die aber der Wahrheit, wie sie ewig gilt, näher sein dürfte. Es wohnten nämlich zwei Brüder im Tal, einer auf der einen, der andere auf der anderen Burg. Manche erzählen auch, es seien bloß zwei Freunde gewesen, dann aber enge, Herzens- und Seelenkameraden, wie man so schön sagt.

Diese beiden Brüder oder doch sehr engen Freunde verbrachten jede freie Zeit, die sie nicht mit dem Zerhauen von Drachen oder dem Zähmen von Stuten verbringen mussten, miteinander.

Und weil dem einen der Weg ins Tal und dann steil den Berg hinauf zum anderen und dem anderen der Weg von seiner Burg ins Tal hinunter und der Aufstieg auf der anderen Seite zur Burg hinauf zu lang schien und zu anstrengend nach einem harten Tag Arbeit, beschlossen sie, eine lederne Brücke zu spannen von Speisesaal zu Speisesaal, quer über das Tal und hundert Meter hoch über dem dahinplätschernden Speyerbach.

So saßen beide eines Tages fröhlich in der Spangenberg beim Zechen, der goldene Pfälzer Wein floss nur so in den Becher und aus dem Becher in den Mund. Sie neckten sich und scherzten miteinander, wie gute enge Freunde oder Brüder das tun, und ein Wort gab das andere und plötzlich wurde aus dem Scherz Ernst und aus dem Necken Streit und jeder war ganz überzeugt davon, dass der andere ihm grobes Unrecht getan, das nicht wiedergutzumachen sei. Der Wein beflügelte diesen Ernst und den Streit und den Starrsinn.

»Hurerei, Wein und Most machen toll«, so schrieb der Prophet Hosea bereits vor zweitausendfünfhundert Jahren – und so war es hier.

Aus dem Streit wurde Gebell, aus dem Gebell Gebrüll und schließlich schlug der Erfensteiner mit der Faust auf die Tischplatte, dass die Becher nur so klirrten. »Ich lasse mir das nicht länger bieten!«, schrie er und seine stahlblauen Augen funkelten böse.

»Was denn?«, fragte der Spangenberger. »Dass ich dich hier bewirte und freihalte?«

»Es reicht«, meinte da der Erfensteiner und polterte noch einmal mit der geballten Faust auf den Tisch und dieses Mal so heftig, dass die Becher umkippten und über den Rand rollten und auf den harten Steinboden klirrten. »Ich gehe.«

Und, als er sich aus dem gotischen Fenster des Palas der Spangenberg schwang, setzte er noch hinzu: »Niemals werde ich wieder hierherkommen!« Er sagte es, nein, brüllte es, und wischte sich die weinfarbenen Spuckefäden aus dem Mundwinkel.

Dann betrat er die lederne Brücke und wankte, so gut es ging, auf seine Burg zu, wo seine Frau, die seinen Zustand ahnen konnte, ein kleines Lichtlein in das Fenster stellte, damit er den Weg besser fände. So, mit ausgestreckten Armen, um ja nicht das ohnehin schon ramponierte Gleichgewicht zu verlieren, zog der Erfensteiner davon – und die kühle Nachtluft klärte vielleicht bereits seinen Kopf und er dachte sich, dass es doch ein Streit um des Kaisers Bart oder besser noch um rein gar nichts gewesen sei.

Der Spangenberger aber saß noch auf seinem Stuhl, betrachtete die purpurroten Weinpfützen auf seinen Fliesen und kochte nach wie vor vor Wut.

Ach, hätte der Spangenberger doch nur den Spruch Salomos beherzigt, welcher da lautet: »Ein zorniger Mann richtet Hader an; ein geduldiger aber stillt den Zank.« Aber nein! Gereizt bis aufs Blut schoss er von seinem Sitz hoch, war mit ein, zwei Sprüngen an der Wand, riss den scharfen Degen vom Gesimse, an dem dieser hing, schritt zum Fenster, beugte sich hinaus und hieb – gerade als der Erfensteiner die schwankende Mitte der ledernen Brücke erreicht hatte, das beide verbindende dünne Band mit einem Schlag durch.

Der Erfensteiner stürzte in die Tiefe und zerschlug an den Felsen, in die der Speyerbach murmelnd sein Bett gegraben hatte.

Der Spangenberger hörte den Schrei und den Aufprall, aber statt davon zu erwachen und wieder vernünftig zu werden, lachte er freudvoll und triumphal.

Und so blieb er seinem Bruder oder Freunde Feind bis über dessen Tod hinaus, und so hielt es sein Sohn mit dem Sohn des Erfensteiners, und beider Enkel, bis hinein ins siebente Glied und keiner gönnte dem anderen Ruhe und beide plagten die Untertanen des anderen, bis der Himmel ein Einsehen hatte und beide Burgen zerstörte, sodass sie heute nur noch Ruinen sind – und wieder die Ruhe und die Stille herrscht, die den Besucher des Tales erfreut.

Der Schatz vom Studerbild

E s muss im Jahre 1797 oder 1798 gewesen sein, jedenfalls noch vor der großen Jahrhundert-wende und vor der Besetzung der Pfalz durch die Franzosen, als der gestrenge Herr zum ersten Mal in unser Dorf ritt. Ich weiß noch, wie stolz er wirkte auf seinem schwarzen Ross, wie ihm die Mädchen nachschauten und der Herr Pfarrer die Nase rümpfte vor so viel Hochmut.

Vor dem Gasthof in Diedesfeld stieg er von seinem edlen Tier, ließ es von einem Knecht in den Stall führen, betrat die Gaststube und bat dort um ein Glas frisches Wasser und etwas ge-bratenes Schwein zur Stärkung. Dann erkundigte er sich bei dem Gastwirt, er möge ihm doch ein paar kräftige Männer nennen, die die Gegend kennten und sich vor einem kleineren Marsch nicht scheuten. Tagediebe könne er da nicht gebrauchen. Schon die Art und Weise, wie der Fremde redete, verriet, dass er nicht von hier war, er bat um eine »Begleitunk« und nicht um Leute, die ihn begleiteten. Mit diesem Zungenschlag waren wir vertraut, so sprachen die Preußen.

Und der Wirt nannte ihm diesen Namen und jenen, und darunter war auch meiner.

Jeder von uns erhielt einen Taler und den Auftrag, sich am nächsten Morgen vor dem Wirtshaus einzufinden, was wir auch taten. Ein Tagelöhner überlegt nicht lange, wenn es ums Geldverdienen geht. Er nimmt, was er kriegt. Ein Spaziergang klang besser, als sich auf den Feldern den Buckel zu zerschlagen bei der Ernte.

»Ich suche«, erklärte der Mann, der sogar jetzt die Perücke mit dem grauen Zopf trug, ganz so, als befände er sich in einem Salon und nicht bei uns in der Pfalz auf dem Dorfplatz, »einen hohen Bildstock in den Bergen, mit einer Nische, darin eine Heiligenfigur. Wer kann mir dazu etwas sagen? Der kann sich einen Gulden dazuverdienen!«

»Das ist«, antwortete ich da freudig und noch vor allen anderen, »das Studerbild. Es steht etwa tausend Schritte oder etwas mehr in Richtung Nordwesten vom Totenkopf, einem Ber-ge bei uns in der Nähe.«

Das Studerbild ist eine schöne Säule aus rotem Sandstein, die noch nicht allzu lange im Wald steht, denn auf der Vorderseite findet sich die Jahreszahl 1769 eingemeißelt, darüber ist eine Nische eingehauen, in der ein Heiligenbild steht.

Daran vorbei waren im Sommer 1794 die Preußen bei ihrem übereilten Rückzug nach der schlimmen Schlacht am Steigerkopf, dem Schänzel, gezogen. Damals hatten die preußischen Soldaten auf dem Berg mehrere Schanzen aufgehäuft. Es waren ihrer wohl an die viereinhalbtausend und gegen sie marschierten über siebentausend aufs Höchste für ihre Ideale entflammte französische Revolutionssoldaten, die Deutschland erobern und seine Könige stürzen wollten.

Am 12. und 13. Juli 1794 hörten wir bei uns dann die Schüsse pfeifen und die Kanonen donnern, als tobe sich im Berg das schrecklichste Unwetter aus. Sogar die Schreie der Verwundeten hallten bis ins Dorf. Beide Seiten verloren wohl so manchen Mann, aber – so erzählte man uns später – ein Jäger aus Dernbach, einem Dorf ganz in unserer Nähe und des Ortes mehr als kundig, habe die Franzosen den Preußen in den Rücken geführt und damit die Schlacht nach so hohen Verlusten für die Revolution entschieden. Die Preußen flohen Hals über Kopf, ihr Befehlshaber General Theodor Philipp von Pfau verschied am selben Tage noch, nachdem er schwer verwundet in Gefangenschaft geraten war. Kurz: Die Franzosen siegten.

Ich machte dem Fremden eine Zeichnung, mit ungeübter Hand zwar, aber der Bildstock war dennoch gut zu erkennen.

»Das«, meinte er zufrieden, »wird er wohl sein.«

Zu diesem schrecklichen Platz, zu diesen schlimmen Erinnerungen wollte der Mann zurück – so dachten wir und so war es auch. Zu dritt führten wir ihn von Diedesfeld bergan, jeder beladen mit einer sperrigen Kiste, in der der Fremde sein Gepäck hatte, am Fuße der Trümmer der Kästenburg und dann im Norden an der Kalmit vorbei, bis wir auf den Weg über den Totenkopf stießen und von dort bequemer weitermarschierten.

Schließlich wies ich mit dem ausgestreckten Zeigefinger auf eine rote Säule, die neben dem Weg stand.

»Hier ist es.«

Der Fremde lächelte. Er beschaute kurz den Pfeiler und nickte dann heftig mit dem Kopf. Er erkannte ihn wieder, es war genau der Bildstock, den er in seiner Erinnerung bewahrt hatte. In die schien er auch gerade zu verfallen, mit glasigen Augen blickte er am Bild vorbei auf die Berge ringsum, dabei lächelte er milde und atmete tief wie ein Mensch, dem eine schwere Last von den Schultern genommen wird.

»Ihr habt es wohl schon erraten«, sagte er endlich. »Ich bin ein preußischer Offizier, der damals bei der Schänzelschlacht mit von der Partie gewesen ist, und genau hier habe ich einen geliebten und teuren Kameraden eilig verscharren müssen, und nun, wo der Friede wieder herrscht und kurz bevor, so will es mir scheinen, der nächste Krieg schon anbricht, komme ich zurück, um ihn zu beweinen.«

Wir standen stumm um ihn herum und blickten zu Boden, betroffen, und wussten nicht, was wir tun oder sagen sollten.

»Lasst mich bitte nur hier alleine sein mit ihm, ihr könnt mir nicht mehr helfen und ihm noch viel weniger. Den Weg nach Diedesfeld finde ich schon alleine wieder und von dort nach Berlin dann wohl erst recht. Es war mir nur dieser Bildstock im Kopfe geblieben bei meiner eiligen Flucht und ich hoffte – und wie sich zeigte, zu Recht –, dass ihr mir helfen könntet, ihn zu entdecken.« Er hielt inne. »Geht nun und lasst mich mit meiner Trauer hier allein.«

Er öffnete seinen Tornister und holte daraus kleine Leinensäckchen mit klingender Münze und gab jedem von uns zwei Säckchen in die Hand, mir aber, wie versprochen, vier. So hatte er uns also fürstlich ausgezahlt; jetzt schickte er uns nach Hause.

Wir standen noch einen kurzen Augenblick um das Studerbild herum, nahmen die Mütze vom Kopf und murmelten ein Gebet, ein jeder von uns, so gut er konnte, im Angedenken des verstorbenen unbekannten Soldaten, dann trollten wir uns. Die drei Stunden Fußmarsch hatten uns mehr Geld eingebracht als ein ganzer Sommer als Erntehelfer. Wir konnten also zufrieden sein.

Einige Tage später, als mein Weg mich zufällig oder aus Neugier über den Pfad am Totenkopf wieder zum Studerbild führte, lag die große Säule aus Sandstein umgestürzt auf dem Boden, halb bedeckt vom Laub.

Und darunter fand ich eine frisch ausgeschachtete, tiefe und große Grube – und die war leer. Nur ein paar preußische Münzen lagen noch verstreut im Gras und in der Erde, die ich einsteckte, bevor ein anderer sie fand, der vielleicht Schlimmes damit angestellt hätte.

Ich ging zurück ins Dorf und gemeinsam richteten wir das Studerbild wieder auf und ließen den Herrn Pfarrer es segnen.

Wir aber, meine Kameraden und ich, konnten uns darauf verständigen, dass unter dem Bildstock der feine preußische Herr die Kriegskasse ausgegraben hatte, welche die durch das

Elmsteiner Tal flüchtenden Preußen an dieser Stelle 1794 verscharrt hatten. Manchmal lenke ich meine Schritte noch dorthin und grabe in der Erde, aber ich habe kein Geldstück mehr gefunden. Der fremde Herr muss also sehr sorgfältig gewesen sein, auch kam er weder durch unser Dorf zurück noch hat man ihn je wieder anderswo bemerkt.

Ihm war wohl das Geld sein liebster gefallener Kamerad gewesen und als er das Geld hatte, hatte er auch sein Lächeln wiedergefunden.

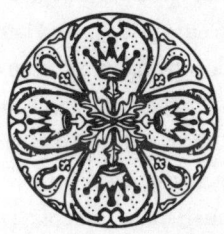

Der Bordehut vom Jagdhaus Iggelbach

»Hier geht der Bordehut um.«

»Psst, sei leise, damit er uns nicht hört!«

»Und wenn er uns doch hört ...?«

»Dann müssen wir laufen! Und zwar so schnell es geht!«

Hans fasste seine Schwester Grete fester an der Hand, schließlich war er der große Bruder und hatte sich darum zu kümmern, dass ihr nichts zustieß, aber natürlich fürchtete er sich ebenso sehr vor dem Gespenst wie seine kleine Schwester.

Das wusste ja auch jeder, dass es in der Waldgegend um Forsthaus Speckheinrich und am Berge Bloskülb spukte. Das war nicht nur Tratsch, der in den Dörfern Elmstein und Iggelbach umging: Mehr als einmal hatte man das aus dem Munde der Mädchen gehört, die im Forsthaus als Magd angestellt worden waren. Eines nach dem anderen weigerten sie sich, weiter dort zu arbeiten. Der Spuk war gar zu schlimm. Es war der »Bordehut«, der im Wald umging. Ein Mann mit einem breitkrempigen Hut also.

Manche Mägde hatten ihn gesehen, wie er in der Dämmerung auf einem Schimmel um das Forsthaus ritt oder – von seinem Pferde abgestiegen – an der Wasserquelle kniete.

»Ich habe gehört, und zwar von einer Magd, die Mama einmal besuchte«, flüsterte Grete, »dass es manchmal an der Pforte pochte, dann erschien ein grinsendes Gesicht in der Haustür mit seiner ganz eigentümlichen Kopfbedeckung, eben dem Bordehut. Das erschreckte das Mädchen doch sehr. Jedenfalls erzählte sie Mutter ganz aufgeregt, dass sie fast augenblicklich zurück zu ihren Eltern nach Iggelbach gegangen war.«

»Dass das auch so lange gedauert hat!«, fluchte Hans. Die beiden Kinder waren am Markttag in Elmstein gewesen, um einige Nahrungsmittel für den Haushalt zu holen, aber der Mann mit den Eiern hatte gesäumt und war erst spät eingetroffen und nun war über ihrem Nachhauseweg nach Johanniskreuz die Nacht hereingebrochen und es wurde schon ganz finster im Wald. Und zu der Dunkelheit gesellte sich die Angst.

Es raschelte im trockenen Laub zu den Seiten des Weges. Sie waren guter Hoffnung, dass kein Wolf ihnen auflauerte. Aber Wölfe waren das eine Problem, vor denen konnte man davonlaufen, denen konnte man mit etwas Glück aus dem Weg gehen. Außerdem gab es ja eine Wolfsgrube zwischen Harzofen und Schwabenbach. Die Geschöpfe des Teufels waren etwas ganz anderes.

»Weißt du noch«, fragte Hans in verhuschtem Ton seine Schwester, »wie die ganze Försterfamilie durch die Gespenster so verwirrt gewesen ist, dass sie die Wochentage verwechselten und samstags bereits im besten Anzug zur Sonntagsmesse an der Kirche in Iggelbach erschienen?«

»Ich weiß", hauchte Grete. »Zuerst haben alle gelacht, aber dann waren sie ganz schön erschrocken, als sie hörte, warum das passiert war. Das waren alles große Erwachsene, die sich vor nichts fürchten. Der Förster hat sogar eine Flinte! Aber wir sind bloß Kinder!«

Sie drückte die Hand von Hans nur noch fester.

»Man sagt«, fuhr Grete fort, »der Bordehut wäre der Geist eines ehemaligen Försters, der seine Frau an einen unheimlichen Gesellen verkauft hatte – den Satan gar? – und der nun nach seinem Tode umgehen muss. Die Frau aber ahnte, was ihr Gatte vorhatte, und floh, nur mit dem Schlafhemdchen angetan, zu ihren Eltern nach Appenthal.«

»Aber es gibt ja auch welche«, meinte Hans und versuchte, ganz erwachsen und unerschrocken zu klingen, »die sind der Ansicht, es sei nur der alte Förster Kratz, der, einen alten Blechhelm auf dem Kopf, durch den Wald streicht, um die Mädchen zu erschrecken, die er eigentlich ganz gut leiden mag.« Da plapperte er nur nach, was er von den Großen gehört hatte, denn was das genau bedeuten sollte, dass einer die Mädchen ganz gern mag, das wusste er nicht zu sagen. Seine Stimme klang auch so zögerlich, dass sie schon verriet, dass er dieser Erklärung selbst nicht ganz traute.

»Wenn es nur ein alter Mann ist«, zischte Grete und drückte wieder ganz fest die Hand ihres Bruders, »warum hat dann der Förster so viel Furcht vor ihm?«

Darauf wusste Hans auch keine Antwort. Jedenfalls eines war klar – sie näherten sich immer mehr dem Jagdhaus und der Wald wurde immer finsterer.

»Lass uns quer durch den Wald gehen – da sind wir schneller!«, schlug Grete vor und in demselben Augenblick erschrak sie schon vor ihrem unsinnig großen Mut. Aber Hans konnte natürlich nicht hinter seiner Schwester zurück. Er war der Bursche, er durfte keine Furcht zeigen, auch wenn ihm innerlich gerade das Herz in die Hose rutschte.

»Also gut!«

Er griff Gretes Hand noch fester und ab ging es, erst durch den Straßengraben, dann die Böschung hoch, dann zwischen dem niedrigen Gestrüpp durch.

Plötzlich bewegte sich etwas im Unterholz und dürre Zweige knackten und es raschelte im Laub. Das war zu heftig für einen Igel oder Fuchs, zu regelmäßig für einen Wolf, was da raschelte, hatte zwei Beine und ging aufrecht.

Jetzt erkannte Gretel auch den Umriss eines kräftig gebauten Mannes, der sich vorsichtig zwischen den Bäumen bewegte.

Das konnte nur der Bordehut sein! Das war der Bordehut!

Da murmelte schnell die Grete ein Vaterunser, um den Spuk zu vertreiben. Der aber wandte sich den beiden zu.

»Seid ihr wohl still? Ihr verängstigt meine Familie bloß noch mehr, weil ihr die ganze Zeit über schon um uns herumschleicht!«

»Der Förster Hoffmann!«, rief Hans erstaunt aus.

»Ja, genau, Förster Friedrich Hoffmann. Ich bin nicht der Bordehut. Aber er hat uns heute zugesetzt mit Klopfen und Heulen und Kettenrasseln, er hat die Pferde scheu gemacht und meine Weibsbilder in die hellste Aufregung versetzt. Und nun reicht es mir. Nun hole ich gerade unsere Pferde, gepackt haben wir längst, und ziehen fort nach Iggelbach. Sollen doch andere an diesem verwunschenen Ort ihr Glück versuchen, ich habe es getan und sage laut: Nie wieder. In dieser Nacht, am 11. Juli des Jahres 1833, ziehe ich hier fort und eines verspreche ich euch – ich kehre nie mehr hierhin zurück!«

Der Förster führte seine Pferde zum Tor des Jagdhauses, spannte sie an einen leichten Wagen und lud die Siebensachen seiner Familie darauf.

»Mach doch schnell, Mann«, rief seine Frau schrill, »das Kind zittert und ich halte es keine Minute länger mehr aus an diesem fürchterlichen Ort!«

»Und ihr hier«, sagte der Förster schnell und deutete auf Hans und Grete, »ihr könnt so spät nicht mehr alleine durch den Wald! Sitzt hinten auf, wir nehmen euch mit nach Iggelbach, da könnt ihr auf dem Heu schlafen und morgen, wenn die Sonne wieder scheint, seid ihr doppelt so schnell bei euren Eltern. Vielleicht kann ich euch auch noch ein Stück mitnehmen, wenn ich zur Forstverwaltung fahre!«

Nichts war den beiden Kindern lieber. Mochten sich ihre Eltern auch sorgen – das war immer noch besser, als vom Bordehut geschnappt zu werden, der wer weiß schon was mit einem anstellte!

»Aber was ist denn geschehen?«, fragte Hans, der sich nun, in Gegenwart des großen und starken Försters, wieder sicher fühlte.

Der Förster, seine Frau und ihre Tochter blieben jedoch verstockt und sagten die ganze Zeit nichts und auch in den Jahren danach nichts, außer, dass es der Bordehut in jener Nacht allzu wild getrieben hätte.

Der Förster hielt übrigens Wort – am nächsten Tag fuhr er Hans und Grete nach Johanniskreuz. Ihre Haare aber waren über Nacht schlohweiß geworden!

In das Jagdhaus zog der Förster nicht mehr ein und auch kein anderer Förster mehr. Es wurde abgebrochen und die Forststelle nach Iggelbach verlegt. Noch heute führt ein Wanderweg an der Ruine vorbei.

Der Drachenfels bei Bad Dürkheim

E s gibt zwar auch andere Stimmen, etwa Kölner Lokalpatrioten, die Siegfrieds Drachen-
kampf am Drachenfels im Siebengebirge ansiedeln, aber jeder echte Pfälzer weiß, dass es
bei Bad Dürkheim gewesen sein muss. Nur hier steht der echte Drachenfels, genau hier er-
schlug Siegfried das Untier.

Bei seinen Wanderungen kam der strahlende Held von Xanten nämlich seinerzeit in das
schöne Dürkheim in der Pfalz und nahm dort bei einem Hufschmied Stellung.

»Da, damit ich sehen kann, ob du etwas taugst«, brummte der Schmied und gab Siegfried
ein paar Stücke Eisen zur Hand. »Mach mir daraus eine Pflugschar.«

Siegfried hieb so fest mit dem Hammer nach dem Eisen, dass die Funken nur so stoben
und er mit ein oder zwei Schlägen den Ambos der Schmiede in die Erde rammte, als sei der
feste Lehmboden ein Sumpf und der Ambos ein angespitzter Pfahl aus Holz.

Als er das sah, wurde dem Schmied angst und bange. »Was wird bloß, wenn sich diese
Kraft einmal gegen mich wendet?«, dachte er in einer ruhigen Stunde, als er sich von dem
größten Schreck erholt hatte. Voller Furcht vor dem starken Recken sann er auf eine List, um
ihn loszuwerden.

Eines Morgens war es dann so weit. In der Nacht hatte der Schmied das Feuerholz in der
Scheune hinter der Schmiede versteckt, nun stand er da, hatte eine große Order und kein
Holz, um die Glut zu befeuern.

»Warum gehst du nicht in den Wald und sammelst etwas Feuerholz für unsere Esse?
Morgen müssen wir viele Hufeisen für die Pferde des Königs Gunther schmieden, da sollte es
uns an schönem, dürrem Holz nicht mangeln.«

Siegfried, der nichts Böses ahnte, nickte nur, schnappte sich den Holzkorb, der an die Tür
des Fachwerkhauses gelehnt war, und ging auf den Wald zu. Weiter oben, hoch über dem lustig plätschernden Bächlein, sollte es genug dürres und trockenes Holz geben und an der Kraft,
eine ganze Wagenladung auf seinem Rücken zurück nach Dürkheim zu transportieren, man-

gelte es ihm auch kaum. So ging Siegfried in den Forst, die Sonne stieg höher und sank bereits wieder, da musste sich der blonde Hüne eingestehen, dass er sich im grünen Meer des Pfälzerwaldes verirrt hatte.

Da sah er, im Walde weit über sich, vor einer roten Wand eine kleine Rauchfahne zwischen den Bäumen aufsteigen.

»Da wird ein Köhler seine Hütte haben«, dachte sich Siegfried, »den ich ganz sicher nach dem Weg fragen kann.«

So kletterte er forsch bergan. Je weiter Siegfried den Hang erklomm, desto deutlicher hörte er ein röchelndes Fauchen wie einen riesigen Blasebalg. Schwaden heißer Luft schlugen ihm ins Gesicht. Ob hier doch kein Köhler wohnt, sondern mitten im Walde eine Schmiede steht?, überlegte Siegfried.

Doch die rote Wand war kein Häuschen, sondern ein gewaltiger Brocken aus Fels. Ein großer, steil aufragender Felsen aus Sandstein, auf den sich oben ein paar schiefe Kiefern krallten. Unter dessen Klippen gegen Mittag und Abend befanden sich zwei tiefe Löcher, die kleine Drachenkammer und die größere Drachenhöhle. In der großen Grotte hockte ein schreckliches, geschupptes Ungetüm mit riesigen, von haariger Haut überzogenen Flügeln, in der kleineren Felskammer aber funkelte ein großer Schatz von Gold, Silber, Bronze und Geschmeide, wie es wohl keinen zweiten mehr gab auf Erden.

Als der Drache Siegfried sah, kroch er langsam aus seiner Höhle. Er kauerte an der Stelle, wo der Fels steil abfiel, und der eklige, schleimige Wurm, grau wie Asche, mit stinkendem Atem, stieß mit seinem Schlangenkopf nach Siegfried und schnappte mit seinen gewaltigen Zähnen nach ihm. Als Siegfried behände einen Schritt nach hinten setzte und die Kiefer ins Leere aufeinanderprallten, fauchte der Drache wütend und scharrte mit seinen Krallen am Felsboden.

Jetzt hörte Siegfried auch das Jammern und Klagen der sieben Jungfrauen, die das Untier tief hinten in seiner Höhle gefangen hielt, um sie eine nach der anderen zu verschlingen. Kreischend und schwerfällig schob sich die Echse über die Gebeine auf dem Höhlenboden, die zerbarsten wie dürres Reisig. Er faltete seine Flügel auf und pumpte Luft in seinen Leib. Sein schwefelgelber Bauch blähte sich auf. Siegfried konnte deutlich sehen, dass sich das Untier auf einen Angriff vorbereitete.

Der Recke zog also sein Schwert, das er selbst einst geschmiedet hatte. Die Klinge blitzte im Sonnenlicht auf. Das machte den Drachen nur noch wütender, weil er wie eine Elster funkelnde und glänzende Dinge geschnappt und in seiner Höhe gehortet hatte. Vielleicht glaubte er, Siegfried habe ihm einen kleinen Teil seines Hortes geraubt, vielleicht aber gelüstete es ihm einfach nur nach etwas kräftigerem und muskulöserem Menschenfleisch, als die bleichen Jungfrauen ihm bieten konnten.

Siegfried hüpfte nun mit einem Sprung in die Öffnung der Grotte hinein. Der Lindwurm richtete sich auf und sprang seinerseits mit einem schrecklichen Gebrüll auf Siegfried zu.

Unser tapferer Held duckte sich, wartete, bis der Drache genau über ihm war, und rammte dann dem Schuppenungetüm seinen Stahl tief in die Kehle.

Das Ungeheuer röchelte, im Todeskampf schlug es matt mit seinen ledrigen Flügeln und peitschte mit seinem Schwanz über den Boden seiner Grotte, dass die Jungfrauen ängstlich aufkreischten.

Schließlich keuchte der Drache, er zuckte, dann brach er zitternd und endgültig zusammen. Der Recke aus Xanten begleitete die Jungfrauen aus der Finsternis ihrer Gruft nach draußen.

»Habt Dank, guter fremder Herr«, sagte da eine von ihnen. »Wir kennen den Weg zurück und werden im Dorf bekannt geben, dass Ihr uns befreit habt und dass man Euch ein Fest bereiten soll.«

Siegfried nickte stumm. Er erwartete keinen Dank. Dann ging der erhitzte Held den Berg hinab zu einer Quelle und wusch sich den Schweiß von Gesicht und Körper – und tatsächlich nennt man diesen Born bis zum heutigen Tag noch den »Siegfriedbrunnen«.

Dann schnitt er mit seinem Schwert den Drachen auf und holte sein Herz heraus, briet es und aß es, denn der Kampf hatte ihn hungrig gemacht. Als er nun seinen Finger abschleckte, mit dem er das am Spieß bratende Herz berührt hatte, hörte er die Vöglein im Walde sprechen und verstand mit einem Male sogar ihre Sprache.

»Wenn dieser Mann«, pfiff eine Amsel, »im Blute des Drachen badet, wird ihn kein Schwerthieb mehr verwunden können.«

»Nicht einmal ein Speer oder Pfeil, aus der Ferne abgefeuert«, gab krächzend ein Eichelhäher hinzu, »wird den Panzer durchdringen können, den das Blut des Ungetüms um seinen Leib schmiedet.«

Als das der Herr Siegfried hörte, dankte er den beiden Vögeln artig und entledigte sich seiner Kleider und sprang in die Grube in der Drachenhöhle, in der sich mittlerweile das aus der Echse sickernde Blut gesammelt hatte. Er spürte, wie sich das Drachenblut um ihn legte, wie es – zuerst noch heiß vom Leben des Ungetüms – allmählich erkaltete und ihn mit einem festen Panzer umgab, der dennoch geschmeidig blieb und jede seiner Bewegungen mittat.

Es fiel ihm aber, ohne dass er diesen leichten Hauch bemerkte, während seines Bades ein Lindenblatt auf die Schulter – und nur an dieser Stelle war Siegfried künftig noch verwundbar, weil ihn dort die Haut aus Drachenblut nicht schützte.

Eine der Jungfrauen war zurückgeblieben und wartete auf den Helden, das war die Tochter des Königs von Worms. Die Prinzessin schickte nach ihren Knechten, die sollten ein Fuhrwerk holen. Die restliche Nacht und den ganzen folgenden Tag verlud Siegfried gemeinsam mit den Knechten aus Worms den Hort auf den Wagen und fast schien es, als benötigten sie noch einen zweiten. Die Prinzessin brachte den Recken an den Hof der Burgunden und dort sollte sich sein weiteres Schicksal erfüllen.

Der Riese Erkenbrecht

War das vielleicht eine Zeit, als es bei uns noch Riesen gegeben hat! Man hörte sie schon von Weitem kommen wie heute die Elefanten in der afrikanischen Savanne. Groß waren sie, grobschlächtig und wenig gewitzt. Man sagt zwar gern, früher wären die Menschen kleiner gewesen als heute, das stimmt ja auch, wenn man betrachtet, wie nieder etwa die Türen waren, und doch trifft es nicht immer zu – wie schon gesagt, zum Beispiel bei den Riesen. Die waren größer als wir Heutige, viel, viel größer sogar. Der Riese Erkenbrecht aus Neustadt etwa, der maß einen derartigen Umfang, dass sein Wams eine ganze Gewanne bedeckte und jeder seiner Hemdknöpfe so groß war wie ein Eisenring.

Erkenbrecht nun war aus einem fernen Land gekommen und als er die Pfalz sah, da sagte er sich: »Hier gefällt es mir!« Und er beschloss, sich hier einen hohen und festen Turm zu bauen, von dem aus er über das Land schauen konnte. Den Turm nannte der Riese »Lug ins Land«.

Um aber seine Festung zu bauen, brauchte er Steine und Mörtel und Bedienstete und weil er in der Gegend nun eben einmal der Kräftigste war, mussten ihm die Winzer aus Neustadt, Mußbach, von Gimmeldingen, Haardt, von Hambach und Diedesfeld sowie die braven Bauern aus dem Umland zu Diensten sein. Denn der Riese Erkenbrecht benötigte Milch und Wein, um seinen Mörtel anzurühren, und weil er ein großer Riese war und deshalb einen großen Turm zum Wohnen brauchte, benötigte er natürlich sehr viel Milch.

Um die bat er aber die Landwirte nicht, die nahm er sich einfach. So wie die Frauen und Mädchen, die ihm gefielen – die schnappte er einfach ihrem Burschen oder Ehemann vor der Nase weg und trug sie zu seiner Burg – wer wollte schon etwas dagegen tun? Wenn dann einmal ein Bauer oder Winzer sich zu wehren versuchte, den nahm er, knüpfte ihm sein Schnupftuch um den Hals und erhängte ihn am nächstbesten Baum. Nein, mit Erkenbrecht war wirklich nicht gut Kirschen essen. Deshalb taten die armen Pfälzer alles, was er von ihnen forderte.

Ja, so mächtig war der Riese, dass ganze Landstriche heute noch nach ihm und seinen Taten benannt sind: Wo er die Kleider der Mädchen, die er raubte, in die Erde stopfte, um sie zu verstecken, da liegen noch bis zum heutigen Tage die »Lochäcker«, und wo sein Haus stand, der Ort heißt immer noch Erkenbrecht, da wächst jetzt der gute Riesling. Und auch die Hohe Loog kennt man ja noch.

Aber Hochmut kommt vor dem Fall und auch die ärgste, rohe Kraft kann nichts ausrichten, wenn ihr ein gewitzter Mensch gegenübertritt.

So geschah es auch in Neustadt. Eines Tages raubte der Erkenbrecht wieder ein Mädchen. Dieses Mal war es die Braut eines Bräutigams und die Riese riss sie ihm am Tage ihrer Hochzeit fort. Da kam ein Ritter des Weges, der hatte keine Furcht im Gesicht und im Herzen.

Er sah das Entsetzen und die Trauer bei den Leuten und fragte, warum sie so bedrückt seien. Sie antworteten ihm und erzählten vom Riesen und von der harten Fron und wie er ihnen die Weiber stahl.

»Ich werde euch helfen«, meinte der Ritter. »Aber ihr müsst mir einen Ort zeigen, wo ich meine Kunst im Verborgenen zu vervollkommnen vermag.«

»Da, geh in den Kästenwald, wo die Esskastanien wachsen, dort wird er dich nicht bemerken.«

»Gut, ich übe, und wenn ich ausreichend geübt bin, werde ich euren Riesen Erkenbrecht zum Zweikampf herausfordern.«

Das freute die Menschen und doch hatten sie Mitleid mit dem tapferen Ritter. »Hast du dir das auch wirklich gut überlegt?«

»Lasst mich nur üben, ihr werdet schon sehen!«

An jedem Tag, gleich am Morgen, nachdem der Hahn gekräht hatte, zog der edle Ritter mit seiner Streitaxt in den Wald und übte, bis am Abend die Sonne müde über den Bergen versank – und tatsächlich nennt man diesen Wald bis zum heutigen Tag den »Axtwurf«, denn der Ritter übte, die Axt zu werfen. Schon manche Kastanie war über und über mit Harz verklebt von den vielen Kerben, die die Streitaxt beim Aufprall in sie geschlagen hatte. Der Ritter übte stetig weiter, äußerst gefasst, ganz auf sein Ziel gerichtet, bis er einen Strohhalm, den er in die Baumrinde gesteckt, aus hundert Schritt Entfernung mit seiner Axt zu spalten vermochte. Das dauerte fünf Tage und in dieser Zeit hatte er ohne Unterbrechung den Wurf der Klinge geübt.

Da ging er nach Neustadt, stellte sich auf den Marktplatz, atmete tief durch und sagte: »Jetzt bin ich so weit!«

Dann ritt er zum Turm des Riesen, pochte an die Tür und forderte den Riesen zum Kampf heraus: »Stelle dich, wenn du dich traust!«

»Ich werde kommen!«, donnerte Erkenbrecht zurück und die Vögel stoben auf, so erschreckte sie die laute Stimme.

»Nun, so werden wir morgen fechten, um die sechste Stunde nach der Mittagszeit, wenn es dir recht ist.«

Das war es dem Riesen.

Gleich wanderten Herolde in alle Dörfer, Weiler und Höfe der Umgebung, um allen die Nachricht von dem großen Kampfe zu überbringen.

Und so geschah es am sechsten Tage um die sechste Stunde. Auf dem Platz vor dem Turm des Riesen hatte sich eine große Menge Volk versammelt, die dem Untergang des Riesen beiwohnen wollte. Da ging knarrend die schwere Holztür des Riesenschlosses auf und all die Mägde, Mädchen und Frauen stürmten heraus, die der Riese gefangen genommen hatte, und sie stellten sich um den Kampfplatz auf. Erkenbrecht wollte, dass sie Zeugen seines Triumphes würden.

Dann trat er selbst hinaus.

»Ach, schaut! Schaut!«, riefen die Leute erschreckt.

»Sein Kopf verfinstert die Sonne.«

»Seine Schritte lassen die Erde erbeben.«

»Sein Speer ist dick wie ein Wiesbaum ...«

»... und sein Helm so schwer wie das größte Fass des Küfers!«

»Allein sein Panzer ist schwerer als alle Wagen des Königs zusammen!«

Als Einziger schrie der Ritter nicht und ließ sich auch von der gewaltigen Gestalt des Riesen nicht ablenken und aus der Ruhe bringen.

Als Erstes fiel dem Riesen der Helm vom Kopf, weil er am Abend zuvor ein paar Fässer zu viel des guten Gimmeldinger Weines gesoffen hatte.

»Ich werde«, sagte er dann zu der versammelten Menschenmenge, aber für sie klang es wie Donnerhall, »den Kampf kurz und schmerzlos gestalten, damit ihr genug Zeit habt, mir mit euren Trauben heute noch ein Fässchen Wein zu machen.« Er hielt kurz inne und griff dann fest nach einer Keule, die – groß wie ein Mammutbaum – neben ihm auf der Wiese lag.

»Ein kleiner Schlag und ihr werdet sehen, wer hier das Sagen hat!«

Dann hob er den Prügel himmelan. Er musste die Augen zukneifen, denn die Sonne, die sich eben anschickte, hinter den Bergen zu versinken, schien ihm direkt ins Gesicht.

In genau diesem Augenblick gab der Adjutant das Signal, dass das Duell nun beginne.

Der wackere Ritter ging in die Knie, empfahl sich kurz und knapp seinem Gotte und schleuderte die Streitaxt mit einem gewaltigen Wurf, wie er es in den vergangenen Tagen so häufig geübt hatte, in Richtung des Riesen und traf ihn genau in die heiße Stirne, zwischen die Augen, die so groß waren wie Ochsenköpfe.

Und noch bevor der Riese irgendetwas anderes tun konnte, ging er in die Knie, brach zusammen und verstarb. Noch Tage später, so berichteten die Menschen, die dabei gewesen und alles mit angesehen hatten, war der Speyerbach blutrot vom Lebenssaft des sterbenden Giganten.

Eine Zeit lang sagte niemand etwas und man hätte eine Feder fallen hören können. Dann brach unbeschreiblicher Jubel aus. Der Riese war tot, der Unterdrücker erschlagen, die Fron für immer beendet. Die Mädchen jubelten glockenhell und tänzelten zu Ehren des Helden einen Reigen auf der Wiese.

Die dankbare Stadt schenkte dem Ritter ein Schloss, das an der Stadtmauer stand, und dann mussten alle die Hemdsärmel hochkrempeln und mit anpacken und eine Grube scharren, die groß genug war, damit der Riese in sie hineinpasste. Wo seine Nase zu liegen kam, das heißt heute noch der »vordere Ries«, und wo man Erde über seinen Nabel schaufelte, da liegt noch heute die »mittlere Ries«. Den Ort aber, wo die Mädchen vor Glück weinten, was im Pfälzischen grainen heißt, den nennt man noch jetzt »Im Grain«. Und noch so manche weitere Straße oder Gewanne in Neustadt wäre nie zu ihrem Namen gekommen, hätte der Ritter den Riesen Erkenbrecht nicht erschlagen; und wer weiß, vielleicht würde sogar gar niemand mehr in Neustadt wohnen, wenn es der Riese weiterhin so wild getrieben hätte, dass die Leute alle fortgewandert wären und Neustadt ganz verlassen hätten.

So aber kann man jetzt noch nach Neustadt gehen, dort einen Schoppen Wein trinken und fröhlich über die goldenen Rebhänge schauen, ohne dass man Gefahr läuft, als Frau geraubt oder als Mann zum Anrühren von Mörtel gezwungen zu werden.

Was ja letztlich auch gut für den Ruf der Stadt und den Tourismus ist, oder?

Die Hexe von Oggersheim

A us manchen Höfen, aus manchem Fenster der kleinen, geduckten Fachwerkhäuser drang fröhlicher Gesang. Überall hörte man es hämmern, es schallte das sirrende Geräusch, das entsteht, wenn man die Sensen schleift, es pochte und hobelte, weil die großen Heuwagen ausgebessert und ihre Achsen geölt werden mussten. Denn morgen sollte es geerntet werden, das Getreide, das den Sommer über gewachsen war, bis es nun golden und reif geworden war, um geschnitten, gedroschen und zu Mehl verarbeitet zu werden. Es schien so, als sei ganz Oggersheim auf den Füßen, von den Kleinsten bis zum ältesten Greis, und alle wollten mithelfen. Aus den gemauerten Kaminen der Häuser stieg leichter Rauch, das waren die Frauen, die ein Süppchen kochten, um ihre Männer zu stärken. Heute wollte man zeitig ins Bett schlüpfen, denn morgen ging es früh heraus, damit man den Tag nutzen und möglichst viel Weizen, Hafer und Gerste einfahren konnte. Doch schien etwas nicht zu stimmen. Es dämmerte früher als sonst und schneller als gewöhnlich schien die Finsternis das Land zu überziehen.

Es braute sich ordentlich was zusammen am Himmel. Immer mehr dunkle Wolken türmten sich über ohnehin schon finstere Wolken und die ganze Wand aus schweren schwarzen Wolken schob sich ganz langsam, aber mit aller Macht von der Haardt her nach Osten und auf Oggersheim zu.

»Solch ein Unwetter … wenn das zu hageln anfängt, wird es uns die ganze Ernte zerschlagen.« Das Jammern war groß.

Schon fielen die ersten Hagelkörner, Schloßen, wie man hier sagt, vom Himmel, groß wie Hühnereier; sie prasselten auf die Dachziegel, die sie platzen ließen wie Nussschalen, ein verstörender, infernalischer Lärm, ein gottloses Getrommel. Den Leuten war, als käme der Jüngste Tag über sie. Einige Passanten fielen auf die Knie, richteten den Blick nach oben und flehten zu Gott um Gnade und Erbarmen.

Da kam ein Jäger daher, der hatte einen lustigen Hut auf und einen Rucksack umgeschnallt und an einem Riemen eine Flinte über der Schulter hängen.

»Aber seht ihr denn nicht«, rief der Jäger, der des Weges kam, »dass dahinter nur eine Hexe stecken kann?«

»Wie das?«

»Das Schlimmste«, erklärte der Jäger mit lauter Stimme, um gegen den Donner anzuschreien, »was Hexen anrichten, ist ihr Schadzauber. Sie vernichten die Lebensgrundlagen der kleinen Bauern und sind doch selbst einfache Leute wie diese. Die Hexe hockt in ihrer Stube und melkt einen Handschuh, am anderen Tage findet der Bauer seine Kuh zitternd vor und ohne einen Tropfen Milch. Oder sie beschwören das Wetter, damit Hagel die Ernte vernichtet. Und genau das ...«, er hielt kurz inne, »... ist offensichtlich hier der Fall.«

»Woran sieht man das?«

»Schaut doch nur auf die Blitze! Aber seid wohlgemut!«

»Aber was tun?«, riefen da, immer noch voll Todesangst, die Menschen.

Der Jäger legte an, zielte genau hinein in die schwärzeste aller schwarzen Wolken, wo vor finsterem Hintergrund schon ein greller Blitz zuckte, und drückte ab.

Kurz nach dem Schuss löste sich plötzlich ein schwarzer Strich aus dieser dunkelsten Wolke und stürzte zur Erde hinab.

Erstaunt blickten die Oggersheimer hoch zu diesem Strich, der immer größer wurde, je näher er ihnen kam.

Sie schubsten sich gegenseitig und schauten sich ungläubig oder verblüfft an.

»Was ist denn das?«

»Das ist doch ...«

»Ja, genau!«

»Das ist eine Frau!«

Und schon hörte man ein hässliches Lachen, das durch die brausende Sturmluft gellte.

Was da hinabstürzte, das war ein altes, schrumpeliges Weib mit einem bösen Lachen auf den Lippen. Das war die Hexe, das böse Weib, das im Verbund mit dem Satan, dem Feinde der Menschen und Widersacher Gottes, mit ihren Sprüchen das Wetter verzaubert und den Sturm zusammengebraut hatte, das arge Unwetter, das fast die gesamte Ernte in Oggersheim zerschlagen hätte. Fast – denn kaum war die böse Hexe auf dem Erdboden aufgeprallt und hatte ihren letzten Atemzug gehaucht, da verzogen sich wie durch ein Wunder die finsteren Wolken und es herrschte wieder blauer Himmel mit weißen Wolken über Oggersheim.

Der schlimme Plan der Hexe, die Ernte zu vernichten, um ihr eigenes Korn, das woanders angebaut wurde, dann teuer zu verkaufen – er hatte nicht geklappt. Aber so mancher Oggersheimer schwor später, er habe neben dem Leichnam der alten Frau einen Schatten mit Bocksfuß und Gehörn aus dem Boden kriechen sehen, der die Seele der Alten zu sich in die Hölle schleppte.

Diese Geschichte soll sich tatsächlich ereignet haben und ist in der Chronik des Ortes verzeichnet. Andere Quellen hingegen meinen, die »Hexe« sei nur ein altes Weib gewesen, das sich erschreckte, als der Jäger in die Wolken schoss, und die daraufhin »aus allen Wolken fiel«.

Das Keltermännchen

»N un« fragte der Wirt, »wo kommst du denn her und wie hat es dich hierher verschlagen?«

»Ich war in der ganzen Welt«, antwortete der Handwerksbursche, »überall auf Schusters Rappen, und ich bin in Köln gewesen und in Prag. Nun hat mich das Schicksal hierher getrieben, nach ...«

»Mutterstadt«, half der Wirt des Gasthofs aus.

»Mutterstadt – und es gefällt mir hier. Die Straße geht nach Nord und Süd und drüben ist der Rhein, falls ich einmal weiter wegmuss. Hier könnte ich Fuß fassen.«

»So willst du also Wurzeln schlagen?«

Der Handwerksbursche trank sein Schoppenglas aus. »Das will ich wohl – wisst Ihr denn, ob irgendwo ein kleiner, hübscher Hof zum Kaufe steht?«

»Nun, ja. Auf dem Einzkeimerfeld, hinter dem Stuhlbruderhof, da steht wohl ein stattlicher Hof, den kann jemand, der ganz ohne Furcht ist, für kleines Geld sein Eigen nennen.«

»Ohne Furcht?«, lachte da der Handwerksbursche. »Das bin ich, Wirt, das bin genau ich.«

Am nächsten Morgen, nachdem er ausgiebig gefrühstückt und sich den Staub der Reise ordentlich aus dem Wams und den Hosen geschlagen hatte, machte sich der junge Mann auf zum Stuhlbruderhof und sah im Feld dahinter, neben einem kleinen Teich und einem Hain, ein stattliches Gut verlassen stehen. Das gefiel ihm nicht übel. Kurz darauf pochte er beim Schultheiß an und der ließ ihn ein.

»Ach, das Haus bei Einzkeim, da will niemand wohnen. Das wird deshalb auch nicht mehr verpachtet, sondern gleich verkauft.« Und er nannte eine lächerlich geringe Summe, die der Handwerksbursche aus seinem Beutel zahlen konnte. Ein bisschen wunderte es ihn schon, dass der Hof so billig zu erwerben war, aber er kannte ja keine Furcht und hatte zudem zwei Hände, die zupacken konnten. Was sollte da schon geschehen?

Als er sich an diesem Abend im Dorfkrug noch einmal einen Schoppen schmecken ließ, erfuhr der Handwerksbursche, warum sein Haus trotz seiner Größe so günstig gewesen war.

Als er nämlich eintrat, hörte er die Leute tuscheln.

»Habt ihr schon gehört? Ein Fremder hat es gekauft!«

»Ob der wohl gewusst hat ...?«

»Unsinn, wenn er gewusst hätte ...«

»Ja, wenn der fremde Mann gewusst hätte, dass es im Hof von Einzkeim spukt, dann hätte er ganz sicher keinen Heller für das Gut bezahlt!«

Seufzend trottete der Bursche in sein neues Heim. Es spukte! Da konnte man ja noch so mutig sein, dagegen kam kein Sterblicher an. Er bettete sich unruhig auf das Stroh und war so müde, dass ihm schon bald die Augen zufielen. Dann schlief er wie ein Stein. Am nächsten Morgen erwachte er frisch und erholt, spuckte sich in die Hände und machte sich ans Werk.

Das Haus war ein recht großes Gut – viel größer, als er geglaubt hatte. Zum Grund und Boden gehörte ein Wingert, an dem wuchsen schon prächtige Trauben, und unter seiner Kammer befand sich ein kühler Keller, da lagerten viele Fässer Wein. Neben dem Stall stand das Kelterhaus. Der Bursche fegte, kontrollierte und war höchst zufrieden.

Wenn geschickte Hände viel zu tun haben, geht der Tag rasch vorbei, und so sank die Sonne schnell unter den Kamm der Haardt und erneut fiel der Bursche erschöpft ins Stroh. Es war die zweite Nacht im neuen Haus.

Sie sollte nicht so friedlich verlaufen wie die erste.

»Bäng!«, machte es urplötzlich und das ganze Haus zitterte. Dann wieder: »Bäng!« Und dann folgte ein noch lauteres Poltern, dass die Vögel, die draußen auf den Bäumen schliefen, aufwachten und krächzend davonflogen.

Dann wurde das Knallen immer regelmäßiger, bis es fast wie ein mechanisches Hämmern klang.

Nun wurde der Bursche, der sich die Decke bis über beide Ohren gezogen hatte, doch allmählich neugierig.

»Was mag das nur sein?«, dachte er bei sich, schlich von der Kammer in den Hof, folgte dem Hämmern und erhaschte schließlich, hinter der Tür verborgen, einen Blick auf ein kleines Männchen, das beugte sich über einen Teil der Kelter und hämmerte dort wie wild.

Nun war der Bursche nicht auf den Kopf gefallen und vielerorts herumgekommen, am Rhein und an der Mosel, in der Pfalz und in der schönen Gegend um Mainz, deshalb merkte er gleich, dass das Wesen vor ihm nichts anderes sein konnte als ein Keltermännchen, ein guter Hausgeist, der den Menschen bei ihrer schweren täglichen Arbeit hilft, wenn man ihn gut behandelt. Denn der Hausgeist pflegt nach dem Motto vorzugehen: Wie du mir, so ich dir.

Schnell zog sich der Bursche zurück in seine Kammer und dachte nach. »Jetzt weiß ich auch, woher im Keller das Loch im Boden kommt. Das kann nur das Erdloch sein, in dem der Zwerg haust.«

Er kratzte sich am Kinn. »Ich habe da doch einmal gehört, dass Keltermännchen am liebsten Käsebrot essen. Wenn ich also jeden Abend einen Teller mit einem Käsebrot in den Keller stelle, dann halte ich das Keltermännchen bei Laune und es liest mir und keltert mir die Trauben und macht mir den Most und später den Wein!«

Gesagt, getan. Jeden Abend stellte der Bursche ein Käsebrot in den Keller mit der Kelter, jeden Morgen war das Brot gegessen, aber die Kelter repariert, ein neues Fass geküfert, eine ganze Reihe Reben geschnitten, eine ganze Bütt Trauben geerntet.

Schnell erblühte das Gut und dem Mann machte es auch nichts aus, wenn er ab und zu in der Nacht kein Auge zubekam, weil das Keltermännchen wieder irgendetwas reparierte.

»Schau nur, was er aus dem alten Gut gemacht hat«, überlegte sich dann im folgenden Jahr die Käthe. »Niemand hat es dort lange ausgehalten, er aber hat es längst frisch getüncht, die Schindeln erneuert und sein Keller birst fast vor schmackhaftem Wein. Der wäre eine gute Partie für mich.«

Dann spazierte die hübsche Witwe jeden Tag vor dem Hof einmal auf und einmal ab, bis er sie sah und er merkte, dass ihm gefiel, was er sah.

Wieder ging es ins Dorf zum Schultheiß, dieses Mal, um das Aufgebot zu bestellen. Bald schon waren der Bursche und die Käthe Eheleute.

»Was immer du tust«, erklärte der Bursche seiner Braut, »eines darfst du nie tun: Wenn es nachts klopft und pocht, darfst du nicht in den Kelterkeller gehen. Einverstanden?«

»Einverstanden!«

Dank des Keltermännchens und seiner tatkräftigen Arbeit waren die Eheleute bald schon vermögend und noch bälder darauf reich. Aber mit dem Reichtum kehrte der Geiz ein, zumindest bei der schönen Käthe, die das Geheimnis des Keltermännchens nicht kannte und auch nicht wissen durfte.

»Warum stellst du denn jeden Abend einen Teller Käsebrot in den Keller? Das ist die reinste Verschwendung und holt uns nur die Mäuse ins Haus!«, schalt sie ihren Mann.

»Ach lass doch die kleinen Mäuse nagen. Sind schließlich auch Kreaturen des Schöpfers, denen können wir ruhig etwas von unserem Wohlstand abgeben!«

»Na gut«, murmelte Käthe, aber überzeugt war sie nicht.

»Und wann lassen wir endlich das scheußliche Loch im Boden reparieren? Also, ich verstehe euch Männer nicht. Es ist doch wahrlich genug Geld da, da können wir das doch zuspachteln lassen. Ihr Männer habt wirklich kein Gespür dafür, wie man ein Heim schön macht!«

»Ach, lass doch das Loch, Käthe«, meinte der Bursche. »Es erinnert mich daran, wie es hier ausgesehen hat, als ich frisch herzog und keinen Heller mehr in den Taschen hatte. So eine Erinnerung, die tut doch hin und wieder gut!«

Nun hatten sich die Blätter goldgelb gefärbt, die Trauben waren gelesen und der Wein garte im Fass, da hievte der Bursche ein Fass eines besonders guten Jahrgangs in sein Fuhrwerk, spann die Rösser an und zog zum Hof nach Mannheim, um es dort gegen gutes Geld zu verkaufen.

»Du schlafe gut«, wünschte er seiner Frau, »und bis bald!«

Er gab seinen Pferden ein Tsch, tsch, und los ging es!

Aber auch die Frau war nicht faul. Als Erstes rief sie einen Handwerker, den ließ sie das Loch im Boden des Kellers zunageln, und zwar so fest, dass man gar nicht mehr sehen konnte, wo es einmal gewesen war. Dann ging sie selbst die Stiege hinab in den Keller, holte den Teller, wusch ihn ab und stellte ihn in den Schrank zurück. Heute müssen die Mäuse mal hungrig ins Loch zurück, dachte sie und lächelte. Ihr Mann war schon manchmal schrullig, aber auf eine liebenswerte Art und Weise.

Als sie alles das erledigt hatte, fand sie doch, dass es ein anstrengender Tag gewesen war, und ging zu Bett.

In dieser Nacht aber wollte das Keltermännchen arbeiten, aber, so arg es auch drückte, es konnte nicht aus seinem Keller in die Kammer, weil das Loch zugenagelt worden war. Schließlich gelang es ihm, aber das Keltermännchen war von seiner Mühe erschöpft und zerschlagen und wollte in den Keller, noch schnell das Käsebrot essen, da fand es keinen Teller und kein Brot und auch keinen Käse vor. Und jetzt wurde es wütend.

Als der Mann am nächsten Morgen aus Mannheim zurückgekehrt war und vor den rauchenden Trümmern seines Gutes stand, konnte er nur noch erahnen, was in der Nacht zuvor geschehen war.

»Wir alle haben nur einen furchtbar lauten Knall gehört«, erklärte ihm ein Nachbar, »und ganz erschrocken aus dem Fenster geschaut. Da klappte dein Haus zusammen, mit dem Dach voran, als wäre es ein Kartenhaus. Erst das Dach, dann die Wände – und nun ist alles glatt und leer, als hätte hier nie dein Heim gestanden.«

Seine Frau, so erfuhr der Bursche, hatte sich nicht mehr retten können und – das aber wusste niemand – auch das Keltermännchen war für immer aus Mutterstadt fortgezogen. Und das alles nur wegen eines Käsebrotes.

Der Bursche nahm das Geld, das er für sein Fass Wein am Hofe erhalten hatte, zog weg in ein fernes Land und begann von vorn. Aber ob er wieder das große Glück – oder, wie man es nimmt, Pech – hatte, dass ein Keltermännchen für ihn tätig wurde, das weiß niemand.

Die Kaiser von Speyer

D unkel schlief der Dom im Nebel und dumpf schlugen die großen Glocken donnernd Mitternacht.

Der Fährmann der Husener Fahr, die Speyer mit dem rechten Ufer des Rheines verbindet, lag schlafend in seiner Hütte und ruhte sich von der schweren Arbeit des Tages aus. Er betrieb, das wusste er und es erfüllte ihn mit Stolz, eine der ältesten Fährverbindungen des Römischen Reiches, ein Weg, denn schon die hohen und niedrigen Herren in ferner Zeit genommen hatten. Man schrieb Mitte Oktober 1813, es war schon kühl und besonders am Morgen und Abend wurden ihm die Hände klamm von der Feuchtigkeit des Flusses und der wässrigen Auen und manchmal brauchte es alle seine jahrelange Erfahrung, damit der Fährkahn im dichten Nebel auf dem Strom den rechten Weg zum anderen Ufer fand. Deshalb saß ihm das Wasser im Leibe und er träumte schlecht. Immer wieder kam ein hoher Mann aus der Finsternis auf ihn zugeschwebt und rief ihn mit einer tiefen, dröhnenden Stimme: »Wach auf!«

Da erwachte der wackere Schläfer. Tatsächlich: Eine dunkle Gestalt in einem dunklen Gewand stand an seinem Bett und bedeutete ihm mit Gesten, er solle aufstehen. Der Fährmann fuhr aus dem Stroh auf. Der dunkle Geselle führte ihn schweigend zum Rheingestade bei Speyer, wo seine Fähre vertäut lag.

Ganz schlaftrunken stolperte der Fährmann neben ihm her und fragte sich, was der große Mann wohl von ihm wollte. War es ein Verbrecher, der den Gendarmen zu entkommen suchte? Ein Räuber? Ein Messerstecher gar? Dazu aber hatte er eine viel zu machtvolle, fast majestätische Ausstrahlung, der der Fährmann nicht zu entkommen vermochte. Er musste ihm einfach zu Willen sein.

Der dunkle Mann zeigte wortlos auf den Nachen des Fährmanns.

»Ach so, Ihr wollt hinüber auf die andere Seite?«, fragte der Fähre etwas blöde.

Der große Mann nickte und plötzlich waren überall viele Leute, ebenso dunkel und vermummt, die wimmelten nur so um den Anlegesteg umher, und dazwischen standen drei weitere hohe Männer in Kutten, die Kapuzen übers Gesicht gezogen, das waren genauso herausragende Gestalten wie der Mann, der den Fähren geweckt hatte. Sie alle schritten nicht, sie schwebten lautlos wie Nebelfäden durch die Finsternis. Nicht einmal wenn ihre schweren Mäntel aneinanderrieben, machten sie das geringste Geräusch. Da wurde dem Sterblichen klar, dass er von Gespenstern umzingelt war. Jetzt raste sein Herz.

»Fahr uns – es ist deine Pflicht!«

Jetzt hatte der Mann, der den Fähren geweckt hatte, seine ersten Worte gesprochen. Es klang erhaben und selbstsicher, die Stimme eines Mannes, der weiß, was er will, und der zu befehlen gewohnt ist. Die vier hohen Männer bestiegen schweigend den Kahn, ihre Begleiter zerstoben, als wäre ein Windhauch unter sie gefahren, und rauschten in alle Himmelsrichtungen davon. Der Nachen senkte sich kaum, jedenfalls nicht mehr, als wenn nur der Fährmann alleine sich darin befand, und das Wasser plätscherte und schwappte nicht wie sonst, wenn die Passagieren eintraten. Bloß das starke Rauschen des Flusses erfüllte die mondfinstere Nacht und hin und wieder das Krächzen eines Raben. Der Fluss strömte, schwarz wie dunkles Glas, den Rhein hinab nach Norden.

Jetzt fasste sich der Fähre ein Herz und stieß seinen flachen Kahn mit der langen Stange vom Ufersteg ab. Das war doch alles sehr, sehr unheimlich.

Das Boot fuhr wie von selbst und es dauerte gerade mal so lange, wie man braucht, um ein Vaterunser und ein Ave-Maria aufzusagen, da waren sie auch schon am anderen, am rechten Ufer des deutschen Stromes.

Schweigend und ehrfurchtgebietend stiegen die vier Gestalten dort wieder aus dem Kahn.

»Wir kommen zurück, da findest du dann deinen Lohn!«, sagte der größte der Mannen noch, dann schienen die vier Männer wie Wolken über das Feld geweht zu werden, hin zu einem Ort fern im Osten, von wo der Fährmann leise Waffengeklirr zu vernehmen vermeinte.

Er aber stieg wieder in seinen Kahn, stieß sich ab und ruderte in der finsteren Nacht zurück über den Rhein, hin zu den hoch aufragenden Türmen des Speyerer Domes. Noch lange sann er darüber nach, welche Geister er da wohl übergefahren hatte, und der Schreck saß ihm noch am Tag danach so sehr in den Kochen, dass ihm im ganzen Leib eiskalt war und er zittern musste, wenn er nur an seine nächtlichen Gäste dachte. Schließlich aber kam er mit sich selbst überein, dass er wohl nur schlecht geträumt hatte – denn Gespenster, die gab es schließlich nur in Schauergeschichten und wann findet ein eifriger Fährmann denn schon Zeit zum Lesen, wenn er es überhaupt kann?

So vergingen drei Tage und es kam die vierte Nacht. Noch immer fand der Fährmann wenig und dann selten guten Schlaf, er wälzte sich unruhig auf seinem Lager. Da hörte er eine kräftige Stimme, die ihn rief: »Hol über!«

Er setzte sich auf.

»Hol über! Hol über!«

Kaum hatte er sich den wenigen Schlaf aus dem Kopf geschüttelt, da klang bereits wieder der mächtige Schlag der Domglocken. Eins ... zwei ... drei ... bis zwölf. Es war erneut die Geisterstunde.

»Hol über! Hol über!«

Der Fähre schob seinen Kahn ins Wasser und ruderte mühsam hinüber ans andere Ufer. Dort standen erneut die vier hohen Männer und warteten bereits auf ihn. Schweigend und schwebend, wie beim ersten Mal, bestiegen sie den Kahn und erneut fuhr dieser wie von Geisterhand nach Westen und auf Speyer zu, dessen Dom im Licht des langsam abnehmenden Mondes als grauer, majestätischer Berg in die Nacht wuchs.

Keiner der unheimlichen Gäste sagte nur ein Wort und der Fährmann war froh, als sie endlich am Speyrer Ufer gelandet waren. Dort drückte ihm jeder der hohen Herren dankbar die Hand und er bemerkte, dass es unter ihren schweren Mänteln silbern glänzte im Mondlicht, als trügen sie Panzer und Schwerter und hielten die Schilde fest in der Faust. Ihre Kleider schienen aus Samt und Seide zu sein, mit den edelsten Stickereien, die Drachen zeigten und Löwen und Greife und manch anderes gewappnetes Tier. Sie streiften die Kapuzen von ihren Häuptern und es funkelte Geschmeide und edler Stein und Gold zudem, denn alle vier trugen herrliche Kronen. Dann fuhren sie auseinander, im wahrsten Sinne des Wortes, denn sie lösten sich in goldschimmernde Nebel auf, die rasch vom Ufer fort und hin zum Dom und hinein in den Dom zogen.

Am nächsten Morgen erwachte der Schiffer, er musste unmittelbar unter dem Lindenbaum vor seiner Kate eingeschlafen sein, denn er erinnerte sich an nichts mehr außer diesem drückenden Traum. Also war doch alles nur Einbildung gewesen, Schattenspiele seines erschöpften Geistes, wilde, unwerte Traumgebilde. Er atmete hörbar auf.

Aber da öffnete er seine geballten Fäuste und darin lagen viele Goldstücke, alt mit altertümlicher Schrift und den Abbildern der Männer, die er mit seinem Kahn übergesetzt hatte, aus dem Mittelalter wohl, und da wusste er auf einmal, dass er nicht geträumt hatte, sondern dass alles wahr gewesen war, dass er die stolzen Kaiser, die in der Krypta des Domes zu Speyer zur letzten Ruhe gebettet sind, über den Rhein gefahren hatte (denn Geister können fließendes Wasser nicht aus eigener Kraft überqueren), damit sie bei dem mächtigen Völkerringen, bei der Entscheidungsschlacht in Leipzig, den deutschen Truppen gegen den Franzosen beistehen konnten.

Südpfalz

Die Geschichte vom Schmugglerkreuz von Leimersheim

E s sind dies Zeilen, die ich im französischen Kerker schreibe, vielleicht wird sie einmal jemand lesen, vielleicht nicht; ich will den Brief, so mir vergönnt ist, der Liebsten zu Hause zusenden. Aber ob sie ihn je erhalten wird, das weiß nur der Herr im Himmel allein. Denn noch weiß ich nicht, ob dies meine Strafe ist oder eine noch schwerere folgen wird, auch das weiß nur der Herr im Himmel allein und er wird mich strafen, wie ihm gerecht erscheint.

Ab dem Jahre des Herrn 1798 besetzten die Franzosen unsere Pfalz. Der Rhein wurde nun zur Westgrenze Deutschlands oder zur Ostgrenze Frankreichs – wie man es eben nimmt – und wer etwas Unternehmungsgeist hatte und sich den einen oder anderen Franken dazuverdienen wollte, der arbeitete als Schmuggler. Gerade wir jungen Burschen in den kleinen Dörfern am Rheingestade konnten uns einen Franken hinzuverdienen, denn unsere Arbeit als Fischer warf wenig ab; wer jung ist, dem rinnt das Geld auch nur so durch die Finger. Wir mussten bloß den Zoll umgehen – so auch in Leimersheim, wo wir Fischer jede Schlinge und jeden Altarm unseres heimischen Stromes wie unsere eigene Westentasche kannten, ganz anders als die französischen Zöllner. Folglich blühte der Schmuggel zwischen der französisch gewordenen Pfalz und dem deutsch gebliebenen Baden. Damals, seit September 1801, gehörte Leimersheim zum Département du Mont-Tonnere, zum Département Donnersberg, zum Arrondissement Speyer, Kanton Germersheim.

Gut waren wir, wenn wir mit unseren leichten Kähnen immer wieder unter den Augen des französischen Zolls Waren von der deutschen zur französischen Seite und umgekehrt transportierten, ohne auch nur einen Deut oder Centime Zoll zu zahlen. Das wollte der Franzmann nicht dulden.

1810 verstärkten die französischen Behörden die Beamten ihres Zollamts durch den Einsatz von Soldaten. Und so geschah, was geschah und wovon ich dir zum ersten Mal berichte, meine liebe Frau, damit du diesen Brief auch unserem Sohn oder unserer Tochter geben kannst, wenn sie einmal alt genug sind, damit sie wissen, was mit ihrem Vater geschah.

So waren wir also in der Nacht vom 14. auf den 15. November 1811 zu zwölfen auf dem Rhein unterwegs mit unserer contrebande von Frankreich nach Baden. Die Rheingrenze patrouillierten in jener folgenschweren Nacht fünf oder sechs Zöllner in einem flachen Boot mit geringem Tiefgang, so sagte jedenfalls der Vorstand des Zollpostens Jockgrim, Claude-Pierre Bourgeois, später aus. Wir waren mit mehreren Säcken Leinsamen unterwegs.

Die Franzosen kamen mit dem Boot heran und signalisierten uns mit ausholenden Gesten, wir möchten auf ihre Seite kommen und uns dort vertäuen. Es war für uns zu spät, unsere Fracht noch im Wasser zu versenken – zu teuer wäre es ohnehin gewesen.

»Allez!«, riefen wir ihnen zu und fuhren weiter, als wäre nichts geschehen.

»Halt! Halt!«, riefen sie uns nach.

Der Strom fließt schnell bei uns und nur wenige Augenblicke später waren unsere Boote weit genug voneinander entfernt und wir hätten in der Dunkelheit verschwinden können.

Einer von uns, ein Kamerad aus Leimersheim, zückte aber seine Waffe und schoss auf die Franzmänner. Die ihrerseits zogen ihre Gewehre und zielten auf uns. Die Schüsse pfiffen nur so hin und her und plötzlich hörten wir einen schlimmen, lauten Schrei von der anderen Seite. Dort war offenbar ein Zöllner getroffen.

Aber nein – so war es ja nicht. Es war doch allzu finster und kein Mond stand am Himmel, wir feuerten gerade so ins Ungefähre, in die Richtung des französischen Patrouillenbootes, da hörten wir einen schlimmen Schrei. Dass wir einen Soldaten getroffen und dieser dann seinen Verletzungen erlegen war, erfuhren wir erst am nächsten Tag, als ein französischer Trupp nach Leimersheim zog und die Auslieferung des Mörders forderte. Aber war es denn ein Mord? Es war Krieg und Besatzung, und da gelten doch andere Regeln!

Jedenfalls rückten am nächsten Tag Soldaten auf und proklamierten öffentlich, das Dorf solle ihnen den Mörder des Zöllners Peter Hollander ausliefern, der seinen Schusswunden erlegen war. Zwei seiner Kollegen, ebenfalls verletzt, hätten zum Glück überlebt.

Da saß uns doch ein Schreck in den Knochen. Es ist richtig und auch nach jedem menschlichen Gesetz und gesundem Verstand gutzuheißen, den Franzosen und ihrem Zoll eine lange

Nase zu drehen, aber es ist doch falsch, einen Christenmenschen, der nur seine Pflicht tut, zu ermorden. Diese Schuld, so wir sie uns auch erleichtern wollten, indem wir klagten, es hätten ja die anderen zuerst geschossen und was wären sie auch auf dem Fluss unterwegs gewesen und hätten uns bei unserer ehrlichen Arbeit gestört, lastete arg auf unseren Schultern.

So gingen wir also heimlich zum Steinmetz bei dem Friedhof, der die Grabmäler haut und graviert, und bestellten da zur Sühne und zur Buße ein Kreuz, ein Kruzifix mit dem leidenden Herrn, darunter auf dem Sockel die trauernde Mutter des Herrn und darunter wieder auf einer Plakette die tröstenden Worte: »Ich bin die Auferstehung und das Leben.« Und dann ließen wir unsere zwölf Namen einhauen, als Zeichen unserer aufrichtigen Reue und in der Hoffnung, der Herr möge uns vergeben, was wir angerichtet. Das gestiftete Kreuz ließen wir auf dem Friedhof aufstellen – wie gesagt, als Sühne für unser Verbrechen und als Dank an Gott, dass er uns vor den Soldaten errettet hatte. Der Pfarrer segnete es, wir hatten ihn zu strengstem Stillschweigen verschworen. Wir aber entsagten mit einem feierlichen Schwur dem Schmugglerwesen, denn wir wollten unser ewiges Leben nicht noch mit dem Blut eines weiteren Gardisten beflecken.

Allein der Franzose war auch nicht ganz dumm. Das Unglück, das uns eben noch verschont hatte, traf uns zwölfe dann ein paar Tage später. Der Schorsch hatte seine Ehefrau mit der Marie betrogen und die Frau wusste, als ihr das zugetragen wurde, nichts Besseres zu tun, als in Tränen aufgelöst und voller Hass auf den Schuft zum Gendarmen zu laufen und ihm zu erzählen, sie wüsste, wer den Gendarmen erschossen hätte. Die Behörden mussten nur noch eins und eins zusammenzählen, den Namen auf dem Kreuz wiederfinden und dann die Namen aller zwölf abschreiben.

Die französische Garde ritt bei uns ein, französische Soldaten verhafteten uns alle – schließlich hatten wir selbst ja unsere Namen auf das Kreuz schreiben lassen und diese unsere Sühne verriet uns nun. So schafft der Herr Gerechtigkeit.

Am frühen Morgen des 27. Novembers 1811, der Nebel stieg aus den Feldern und vom Rhein hoch, wurden wir aus Leimersheim weggeführt, alle Mann mit einem starken Seil zusammengefesselt. Den Rand der Dorfstraße und der Feldwege säumten die Menschen aus unserem Dorf, unsere Nachbarn, viele mit Tränen in den Augen, hatten sie doch selbst Söhne und Männer, die unser Handwerk ebenso versahen.

Man schleppte und zerrte uns – die hoch zu Ross, wir barfüßig zu Fuße – zuerst nach Jockgrim, dann nach Lauterburg, dann nach Seltz gegenüber Rastatt, wo wir die erste Nacht in Haft verbrachten, am nächsten Tag dann nach Straßburg ins Gefängnis.

Das Gefängnis ist kein Hotel, auch wenn Franzosen es betreiben. Oben ist ein kleines Loch in der Mauer, dort hindurch verirrt sich hin und wieder ein müder Lichtstrahl, der aber kehrt gleich wieder um, wenn er sieht, wie schlimm es hier unten ist. Wir lagern auf Stroh und das Stroh stinkt, weil wir ja austreten müssen. Wir sind zu zwölft in der Zelle, es sei denn, man zählt die Ratten mit, dann sind wir viel mehr.

Es brauchte nicht lang, da erlag einer von uns den Qualen, die er im Kerker erlitten hatte, wo es schlechte Luft gab, wo man uns täglich schlug, wo man uns so verachtete, wie wir unsere Kerkermeister zu verachten lernten. Bald darauf segnete der Zweite von uns das Zeitliche, denn auch er war krank geworden von den Bedingungen hier. Aber mache dir keine Sorgen, ich bin robust, mich wirft so schnell nichts um, meine liebe Frau.

Aber die französischen Richter wollten wissen, wer geschossen hatte – aber wussten wir das selbst noch? Die Nacht war ja nur noch ein Schemen, ein dunkler Fleck, und je mehr wir von ihr vergaßen, desto dankbarer waren wir. Wir hatten geschossen, die Soldaten hatten geschossen und eine der Kugeln hatte getroffen. Das ist unsere Schuld, das stimmt, aber wessen Schuld genau? Der Franzose fragt und wir können nur mit den Schultern zucken. Aber glaube mir, meine liebe Frau, dass ich jede Nacht für die Seele des armen Peter Hollander bete und mir dann heiße Tränen die Wangen hinunterströmen!

Schließlich nahm Jean, der Sohn des alten Ziemer, der Schwächste von uns und an Typhus erkrankt, der wusste, dass seine Tage ohnehin gezählt waren, die Schuld auf sich. Man hat ihn zum Tode verurteilt und mit dem Fallbeil auf dem Schafott hingerichtet. Das war am 20. Oktober im Jahre des Herrn 1812. Uns Übrige hat man zu langjährigen Kettenstrafen verurteilt. Also weiß ich nicht, ob ich dich jemals wiedersehe oder unser Kind und empfehle dich dem Herrn und hoffe, dass der Gardist, mit dem ich geredet habe, eines Tages wieder Dienst schiebt, er ist zwangsrekrutiert und hat mir versprochen, dir den Brief zuzutragen, damit du von mir hörst und weißt, dass es mich noch gibt und dass ich dich in meinem Herzen trage. Es geht mir besser, wenn ich weiß: Meine Frau wird diesen Brief lesen und mein Kind, das sie in sich getragen hatte, als die Gardisten mich hierher verschleppten, und das ich noch nicht gesehen habe. Möge es gesund sein und bessere und friedvollere Tage kennen als ich und meine Kameraden.

PS: Wir schreiben heute das Jahr 1814 und ich atme endlich wieder klare, frische Luft – die Österreicher sind einmarschiert, um Deutschland von der französischen Tyrannei zu befreien, und man hat uns endlich doch noch aus dem Kerker geholt. Wir können das Gefängnis verlassen und nach Hause gehen. Ich eile, ich renne, ich komme zu dir zurück!

Die Zwerge von Wörth

B ald nachdem die Sonne über dem Schwarzwald aufgegangen war, als sie gerade noch schwach und müde über die unfassbar große Baustelle stieg, an der der Marktgraf von Baden seine neue Stadt Karlsruhe errichten ließ, als das alltägliche Hämmern und das Gedröhne der tausend Handwerker wieder einsetzte und über den Rhein getragen wurde, landeten Georg und sein Sohn Moritz ihren flachen Nachen am linken Ufer des Stromes.

Vater und Sohn stiegen müde und erschöpft aus. Traurig sah der Junge in einen fast leeren Weidenkorb, in dem nur ein einziger Aal und ein paar kleinere, silbrige Fische im Todeskampf um sich schlugen.

»Das war kein guter Fang heute«, stellte der Vater resigniert fest.

»Und es ist schlimm, Vater«, antwortete der junge Moritz, »dass uns ein treibender Baumstamm dazu noch unser Netz zerrissen hat. Was sollen wir jetzt bloß tun? Wir können uns doch kein neues leisten und das kaputte zu reparieren, dauert ebenfalls sehr lange – und in dieser Zeit können wir kein Geld mit dem Fang von Fischen verdienen.«

Doch jetzt lächelte Moritz' Vater. »Hast du den kleinen Lachs in den Korb getan, so wie ich dich gebeten hatte?«

»Jawohl!« Moritz hielt den Korb hoch und seinem Vater unmittelbar unter die Nase. »Siehst du?«

»Ja, ich sehe. Dann passe du jetzt gut auf, wie wir erfahrenen Fischersleute in Wörth mit solch einer Schwierigkeit umgehen.«

Er lief einen schmalen Fußweg entlang, hin in Richtung auf die vielen Erdhügel, die sich in einer Wiese und in einem Waldstück erhoben – das waren Heidengräber. »Aber ich dachte, hier spukt es ...«, wandte zögerlich der Sohn ein.

Sein Vater ließ sich nicht beirren. »Komm schon.«

»Du hast mich immer gewarnt ...«

»Ach was!«

Etwas huschte vorüber, war aber verschwunden, bevor Moritz es genauer erkennen konnte. Es war aber eindeutig kein Hase gewesen. Kein Hase läuft auf zwei Beinen. Aber was ist so groß wie ein Hase und läuft auf zwei Beinen? Und macht eine Tür im Grabhügel auf und hinter sich wieder zu? Und welcher Hase trägt schon einen breiten Schlapphut? Oder hat ein Schwert umhängen? Oder wohnt in einem Bau mit Tür und Türklinke?

Es spukte also doch hier! Es lief Moritz kalt den Rücken hinunter und die kleinen Härchen auf seinen Unterarmen stellten sich auf, als wäre er eine Gans aus der Eiskammer.

Der Vater sah den Schreck im Gesicht seines Sohnes und schubste ihn beruhigend an der Schulter. »Du wirst gleich sehen, wer das ist.«

Und richtig. In diesem Augenblick öffnete sich die Tür im Hügel ein zweites Mal und nun konnte Moritz das seltsame Wesen deutlicher sehen. Es handelte sich nicht um einen Hasen, sondern um einen winzigen Menschen, ein gnomenhaftes Männlein mit langem weißem Bart, einem großen Hut auf dem Kopfe, auf dem ein weißer Handschuh befestigt war, mit einem mächtigen Schwerte an der Seite und in seltsamer Tracht.

»Pst«, sagte Vater Georg, »sie sind sehr scheu. Du darfst ihnen niemals in die Augen sehen oder sie direkt ansprechen, denn dann verschwinden sie augenblicklich. Früher gab es viel mehr von ihnen, Hunderte oder sogar noch viel mehr, heute sind sie rar geworden und ich glaube, dass höchstens noch ein Dutzend hier lebt. Wenn es überhaupt noch so viele sind. Der Lärm der Baustelle des Marktgrafen hat sie vertrieben.« Er seufzte. »Leider!«

»Was ist das? Ein Zwerg?«

»Gewissermaßen. Das ist ein Erdmännlein.«

»Ist es denn zu glauben?«

»Erdmännlein gibt es, ob man an sie glaubt oder nicht. Sie sind wie wir, fast wie wir Menschen, nur von kleinem Wuchs. Und sie sind sehr geschickt. Manchmal lassen wir ihnen alte Töpfe zum Flicken da und daneben einen Fisch und am nächsten Tag ist der Fisch verschwunden und der Topf geflickt. Oder wir lassen nur einen Fisch da und am nächsten Morgen finden wir den Gegenwert in Form von alten Münzen.«

»Wie regelt ihr das?«

»Wir regeln gar nichts. Meistens sieht man sie nicht einmal, die Erdmännchen. Du hattest eben ein großes Glück. Die Anwesenheit von Menschen oder Lärm oder Gestank scheint sie zu vertreiben.« Vater Georg flüsterte noch immer. »Sie haben auch einen Häuptling oder Hauptmann, der heißt Meister Klaus und hat mehr Zauberkräfte als alle Übrigen zusammen.

Einmal soll er sogar das ganze Dorf vor einem Brand bewahrt haben. Aber ich denke, er war einer der Ersten, die wegzogen, um den Übrigen eine neue Heimat zu finden. Der hier ist noch da, man sieht ihn oft, vielleicht, weil er alt und unvorsichtig geworden ist.«

Moritz betrachtete seinen Vater mit großen Augen. Vom Meister Klaus hatte er die Erwachsenen schon oft tuscheln hören, aber sie waren jedes Mal verstummt, wenn er auch nur ansatzweise seine Ohren spitzte. Die Kinder im Dorf wussten nur, dass es sich um jemand Wichtigen handelte und dass man über ihn nur hinter vorgehaltener Hand sprach; vor allem, dass keine Fremden von ihm erfahren durften. Nun war er wohl alt genug, um zu erfahren, was die Großen im Dorf alle wussten.

»Lass uns so tun, als ob wir uns unterhielten und gar nicht wüssten, wo wir sind.«

Georg hielt das zerrissene Netz in die Höhe und betrachtete es scheinbar genau. Der breite Hut des Erdmännchens spitzelte eine Handbreit hinter einem Baumstumpf hervor, verschwand aber augenblicklich, als Moritz sich nach ihm umdrehte.

Vater Georg schüttelte missbilligend den Kopf, dann nickte er Moritz zu.

»Ist das Netz denn zerrissen?«, fragte Moritz etwas blöde.

»Ja, in der Tat«, gab Vater Georg erstaunt zurück, »das sieht fast so aus, als sei es stark zerrissen.« Er kratzte sich am Kopf. »Das erklärt natürlich, warum wir heute nur einen einzigen Fisch gefangen haben, diesen winzigen Lachs, den wir hier im Korb haben. Lass ihn uns hinlegen, auf den Boden, da neben dem Hügel, er nutzt uns ja doch nichts. Aber wenn jemand das Netz flickte – nun, der könnt ihn haben.«

Wieder schaute das Erdmännchen neugierig hinter dem Baum hervor.

Jetzt begriff Moritz. »Ach, wenn uns doch nur jemand das Netz flicken könnte – es sind ja auch gar zu kleine Maschen!«

»Tja, das wird wohl niemand tun«, antwortete Georg. »Lass es uns hierhin werfen, wir brauchen es ja doch nicht mehr.«

Dann gingen sie beide still davon. In sicherer Entfernung drehte sich Moritz noch einmal um und sah, wie das kleine Männchen hinter dem Baumstamm hervorhuschte, das Netz mit beiden Händen anhob und mit großen Nüstern neugierig an dem Lachs im Korb schnupperte.

Moritz hätte laut auflachen können, so drollig sah das Ganze aus. Aber sein Vater bemerkte das und stieß seinem Sohn gehörig in die Seite.

»Nicht hinschauen«, zischte er.

Aber Moritz war zu neugierig. Er konnte von Glück sagen, dass das Erdmännchen ihn nicht bemerkt hatte, denn sonst wäre er sicherlich schlimm und schmerzhaft bestraft worden.

»Da kennen die Erdmännchen keinen Spaß", erklärte Vater Georg. »Ich erinnerte mich, dass sie mich als Kind mit einem Knüppel so durchgeprügelt haben, dass ich ganze zwei Wochen lang nicht mehr auf meinem Allerwertesten sitzen konnte. Das waren wohl nur ein paar Minuten, ich aber hätte schwören können, dass sich mich mehrere Stunden lang durchgewalkt hätten! Die Erdmännlein sind zwar klein, aber sie verfügen über enorme Kraft.«

»Und was geschieht nun?«, wollte Moritz wissen.

»Wir kommen morgen früh wieder, dann ist unser Netz geflickt. Denn die Erdmännlein sind auch überaus geschickt und flink mit ihren Händen. Vielleicht schauen wir bereits ein paar Stunden vor dem Sonnenaufgang nach. Wenn sie dann schon fertig sind, können wir noch raus mit dem Nachen und fischen.«

Und so kam es dann auch. Am nächsten Morgen, lange vor dem ersten Hahnenschrei, der Himmel war noch ganz feucht und grau und verschmiert, da schlichen Georg und sein Sohn Moritz in das Grabhügelfeld. Dort lag, nun leer, der Korb, in dem der Lachs gewesen war, und daneben, sehr sorgfältig geflickt, das Netz, das nun wieder ganz wie neu war.

»Weißt du was«, sagte Vater Georg nun laut zu Moritz, so als sei dieser taub oder schwer von Verstand, »von unserm heutigen Fang lassen wir noch einmal zwei Fische hier, leckere, frische Fische.«

Ein eifriges Rascheln im Gebüsch zeigte ihnen, dass sie einen Zuhörer hatten, und Moritz stimmte laut zu: »Ja, genau, Vater, das werden wir tun!«

Danach gingen sie, so leise wie möglich, um keine weiteren Erdmännchen zu stören, durch das hohe Gras davon und auch Moritz schaute sich nicht mehr um.

Wer heute nach Wörth spazieren geht, sieht nur noch eine große Fabrik, aber keine Erdmännchen mehr. Der Lärm der fleißigen Menschen hat sie endgültig vertrieben und nur die allerältesten Wörther erinnern sich noch an die schöne Zeit, als man mit den Zwergen Handel trieb. Sie und die Berichte von Menschen, die die Zwerge von Wörth im September 1629 und im Jahre 1858 gesehen haben.

Die Seselschlacht von Burrweiler

»Sie kommen! Sie kommen!«
Aber der Ruf wäre nicht nötig gewesen – so laut hallten das Trappeln der Hufe und das Grunzen der Schweine über die Weiden und durch den Forst.

Die Menschen hatten viel hinter sich gebracht – nach Krieg und Pestilenz, nach Verheerung und Seuchen, nach mancherlei Entbehrung hatten sie ihre Hütten wieder aufgebaut, den Pflug auf das Feld gesetzt und den Acker bewirtschaftet.

Aber dass es den Leuten wieder besser ging, bedeutete auch, dass sie mehr Acker brauchten und mehr Weideland. Das erschlossen sich mehrere Dörfer gleichsam als Kooperative – die sogenannten Hain- und Haardtgeraiden nutzten die Dörfer gemeinsam, in diese Wälder trieben sie ihre Rinder, Ziegen und Schafe, die dort ihr Auskommen fanden. Die Schweine mästete man ohnehin im Wald an Eicheln und Bucheckern. Aber selbst dieser Raum, so unendlich der Wald auch wirkte, war begrenzt. Deshalb achteten die Dörfer sorgsam darauf, dass niemand unberechtigterweise sein Vieh in die Berge trieb.

Nun aber schrieb man das 1468. Jahr seit Geburt des Herrn. Was lange schwelt, wird selten gut – und seit Jahren schon wurden die Leute aus Flemlingen und Roschbach misstrauisch von der Bevölkerung von Burrweiler und Gleisweiler beäugt. Denen traute man vieles zu, nein: alles. Und das wohl zu Recht, denn ein paar Tage zuvor hatten die bösen Nachbarn lauthals verkündet, sie würden, koste es, was es wolle, ihr Viehzeug auf die Haingeraide treiben, um es dort im Wald zu weiden. Das hatten sie denn auch gleich versucht, aber ein aufmerksamer Bursche hatte sie bemerkt und Alarm geschlagen.

Zwar gehörte die Haingeraide auch den Flemlingern, sie hätten also alles Recht gehabt, ihr Vieh dort weiden zu lassen – aber dennoch: Konnte man das so einfach durchgehen lassen? Und wer hatte denn die älteren Rechte? Wenn es nach Burrweiler und Gleisweiler ging, dann hatten die Leute aus Flemlingen und Roschbach dort nichts zu suchen. Außerdem hatten sie gerade ein gehöriges Stück Wald gerodet, auf eigene Faust natürlich, denn selbst ist der

Mann, und dort einen großen Weinberg für das Dorf angepflanzt. Die dummen Flemlinger und Roschbacher wollten ihre Geißen und Säue genau durch diesen neuen Wingert treiben, weil da ja schließlich früher die Viehtrift langgegangen war. Wie hochnäsig! Sollen die Säue doch vor deren eigener Haustür fressen! Und genau deshalb, weil die Sau im Wingert nun eben nichts verloren hat, wachte man seit dem ersten Versuch des Nachbardorfes in Gleisweiler genau darauf, was sich im anderen Dorf tat.

Und dann der Weckruf: »Sie kommen! Sie kommen!«

Die Flemlinger und Roschbacher kamen, mit Hacken und Rechen und Spießen und Knüppeln bewaffnet und ihr Vieh vor sich hertreibend, zur Haingeraide gezogen.

Da stellte sich ihnen der Hans aus Burrweiler in den Weg. »Ich sage es euch freundlich – kehrt um, dann geschieht euch nichts.«

Der Hans aus Roschbach trat vor. »Unser Vieh hat Hunger, unsere Schweine sehnen sich nach dicken Eicheln. Wir haben ebensolche Rechte an der Waldweide als wie ihr.« Er hob die Hand, mit der er eine Sense umklammerte, und schwenkte sie bedrohlich hin und her. »Wir können uns unseren Weg auch erzwingen«, deutete er an und zog die Stirne kraus.

»Das könntet ihr«, antwortete der Hans aus Burrweiler und ballte seine Faust, die er dann dem Hans aus Roschbach genau unter die Nase hielt. »Aber wenn ihr mit heiler Haut davonkommen wollt, dann rate ich euch, dennoch umzukehren.«

»Ja, sag es ihnen!«, brüllte jemand von hinten in der Reihe der Roschbacher, der gar nicht gemerkt hatte, dass gerade die Gegenpartei triumphierte.

»Lass dir das nicht bieten, Hans«, schrie einer aus Burrweiler, der meinte, man habe soeben ihn und sein Dorf bedroht. Und der Hans aus Burrweiler hieb dem Hans aus Roschbach eins auf die Nase, dass dem das Blut gerade so übers Gesicht spritzte, und dann stieß der Hans aus Roschbach seinem Angreifer den Stiel seiner Sense in die Magengegend, dass der mit rotem Gesicht und Tränen in den Augen jammervoll in die Knie ging.

»Das machst du kein zweites Mal!«, zischte er, aber kaum hatte er geendet, spürte er den Stiel der Sense schon zum zweiten Mal im Bauch. Dieses Mal blieb alles schwarz. Als er wieder zu sich kam, war alles schon vorüber. Da hatte er aber Glück gehabt! Denn kaum hatte sich Hans aus Burrweiler aus dem Geschehen verabschiedet, da flog schon ein Stein durch die Luft; kein Stein, eher ein kleiner Fels mit scharfen Kanten, der traf den Schorsch aus Flemling am Kopf, an der Stirn, und zwar so ungünstig, dass auch der zu Boden ging, aber nie mehr wieder aufstand, sondern liegen blieb, bis man ihn auf den Kirchhof trug zu Flemling und ihn dort in geweihter Erde bestattete. Das brachte den Heinz auf, der mit dem Schorsch befreundet war, und als er die Blutlache um seinen Freund erblickte und begriff, was sich Schreckliches ereignet hatte, da schlug er die Faust um seinen Knüppel, mit dem er sonst die Wölfe im Wald verjagte, und rannte mitten hinein in die Menge der Burrweiler und Gleisweiler und hieb den Prügel dem Erstbesten, den er ohne Deckung fand, auf den Kopf und spaltete ihm den Schädel.

Die Gleisweiler und Burrweiler aber trugen ihre Sesel mit sich, die Erntemesser, kleine Sicheln, die man im Wingert braucht. Und jetzt zog einer seinen Sesel und er funkelte im Sonnenlicht, dann der Nächste, darauf der Dritte und bald schon funkelte es überall und dann färbten sich die Sesel rot.

Zuerst verwundete man sich gegenseitig, dann hatte man den Ersten so aufgeschlitzt, dass nichts mehr zu machen war. Mit den Männern mit den Seseln ging ein anderer Schnitter durch die Reihen und hielt reiche Ernte.

Und als das Morden ein Ende hatte, weil nicht mehr genug Männer übrig waren, um weiter morden zu können, da blickte man auf einen Haufen aus erschlagenen und getöteten Männern, manche Verwandte, Brüder gar, Freunde in einem anderen Leben, aber das war schon lange her. Alles wegen ein paar Reben und ein paar hungrigen Schweinemagen! Und wie sie so auf ihren Bäuchen lagen, mit dem Rücken nach oben, im dreckigen Wams und mit Blut verschmiert – wer hätte da noch sagen können, ob der Tote nun aus Burrweiler stammte oder aus Flemling, ob er aus Gleisweiler war oder sein Haus in Roschbach stand.

Man trug schweigend die Leichname in das eigene Dorf zurück. Triumph spürte keiner. Erreicht hatte auch keiner etwas – es gab niemand, dem der Schweinespeck geschmeckt hätte, und keine Männer mehr, um den Weinberg zu bewirtschaften. Die Witwen reichten sich wortlos die Hand, die Gesichter zu erstarrt, als dass noch eine Träne geflossen wäre.

Das war die sogenannte Seselschlacht, so benannt nach den Weinlesemessern, mit denen sie ausgetragen wurde. Am Ort der Schlacht errichtete man zehn niedrige Kreuze aus Stein, zur Erinnerung und zur Mahnung und als Sühne für das Verbrechen, das Bruder an Bruder begangen.

Heute stehen nur noch drei der Sühnekreuze bei Gleisweiler, den Rest hat man im Laufe der Zeit ausgerissen und fortgeschleppt, weil er dem Fortschritt im Weg gestanden haben soll, und unweit von ihnen ein hübscher gotischer Bildstock mit einem Wappenschild mit zwei Seseln darauf. Auch auf eines der Sühnekreuze hat eine ungelenke Hand einen Sesel gemeißelt. Wer Augen hat zum Sehen, der sieht das noch heute.

Legenden des heiligen Pirmin, erinnert im Kloster Hornbach

B escheidenheit verfasst keine Lebenserinnerungen, schreibt keine Biografien, aber, auf Stroh auf hartem Boden im Kloster Hornberg gebettet, besann sich der alte Mönch doch der vielen Abenteuer, die sein Held, der Missionar Pirmin, im Namen des Herrn gewirkt hatte.

Wie hatten die Heiden gestaunt, als dieser, man schrieb das 724. Jahr der Menschwerdung des Herrn, seine größte Heldentat vollbrachte. Er entsann sich, wie Pirmin lange Jahre an den Gestaden des Sees von Bodman geweilt hatte. Dort schenkte ihm der fromme Mann Sintlas eine Insel mit guter, fruchtbarer Erde, doch diese war verseucht mit Drachen, Ungeziefer und Gewürm, das der Gottesmann zuerst im Namen des Herrn vertreiben musste, bevor er dort auf der Reichen Au sein Kloster gründen konnte.

Und was hatte er dann noch alles bewerkstelligt – wo er ging und stand, hatte er Klöster gegründet, Stätten, von denen aus das Wort des Herrn im ganzen heidnischen Umland verkündet wurde. Bis er nach Hornbach gekommen war, nahe bei dem Ort, der später nach ihm benannt werden sollte. Dort hatte er die Wälder gerodet und im Jahre 740 das Kloster gebaut, in dem er seine letzten Herbste verbringen wollte und in dem er hinging zu seinem Herrn.

Über das Wunder auf der Reichen Au im See von Bodman sprach man landauf und landab im ganzen Reich, obwohl es schon vor vielen Jahrhunderten geschehen war. Doch auch hier, an seiner Grabesstätte, hatte der heilige Pirmin noch nach seinem Tode viele Wunder gewirkt. Erst, nachdem Pirmin von uns gegangen war, zeigte sich also, dass er nicht nur ein wahrhaft heiliger Mann gewesen war, sondern immer noch ein Wundertäter. Es hatten sich derart viele Mirakel ereignet, dass man sie kaum zu zählen vermochte.

Schrieb doch Walahfrid Strabo, der Abt des Klosters Reichenau: »Wer sein heiliges Leben kennenzulernen den Wunsch hat, strebe zu Pirmins Grab, zu Hornbach, erbringe den Beweis er.«

Über ein Dutzend solcher verbürgten Mirakel schrieb der gute Mönch gerade in seinem besten Latein und mit schönsten Buchstaben auf einen großen Bogen Pergament für sein wichtigstes Werk, das Liber de miraculis sancti Pirminii episcopi. Die meisten davon hatte er selbst erlebt und mit seinen eigenen Augen mit ansehen und somit aus erster Hand bezeugen können. Wie das Wunder bei der Beerdigung des Kindes des Herzogs Konrad von Kärnten ...

Es war um das Jahr des Herrn 1012, als der Sohn des Herzogs Konrad von Kärnten im Kloster bestattete werden sollte. Dass eine schwere Sünde begangen worden war, daran duldete es keinen Zweifel – schließlich war der Sohn des Herzogs jung und in all seiner Unschuld einen schlimmen Tod gestorben.

Der Herzog war zu Hause in seiner Staufenburg bei Göllheim geblieben, er war dem Kloster gram, neidete ihm Pfründe, Macht und Ansehen, aber es war nun einmal eine Stiftung seiner Familie. So näherte sich der kleine Sarg mit dem noch kleineren, leblosen Körper darin, von Soldaten gehalten und von anderen Soldaten bewacht, in gemessenem Schritt dem Kloster. Weiße Wolken aus Atem hingen vor ihren Köpfen, der Boden knirschte vor Eis. Andachtsvoll gingen die Kriegsmänner, die kleine Kiste mit den sterblichen Überresten des Knabensohnes ihres Herzogs geschultert, unter einem düsteren, von schweren schwarzen Wolken verhangenem Himmel den Waldweg entlang auf die hoch ragenden Türme des Klosters Hornberg zu.

Mönche eilten, Kreuze in die Höhe reckend und mit Hymnen auf den spröden Lippen, dem Trauerzug entgegen. Zur gleichen Zeit bestieg ein Priester ein Pferd und galoppierte damit in die Stadt. Dort entzündete er vier geweihte Kerzen, die er auf die Leuchter steckte. Dann ließ er die Lichter dem Leichenzug entgegentragen.

Kurz hielt der Zug inne und die Leuchter wurden auf den Sarg gestellt, eine Kerze für jedes Jahr des jungen Lebens; sie flackerten und ihr Flackern schien das Einzige zu sein, das die Starre diese Prozession durchbrach, den eisigen Hauch des Verlustes.

Nach einer Minute des Schweigens hievten die Soldaten den Sarg wieder auf ihre Schultern, stimmten die Mönche wieder ihre feierlichen Lieder an, schritten alle auf die Stadt Hornberg zu.

Plötzlich strich ein Hauch von Wind durch die Blätter der Büsche und Bäume. Die Flammen der Kerzen begannen zu flackern. Schützend hielten die Mönche ihre Hände vor die

Lichter, da blies auf einmal eine Bö, die die Äste durchrüttelte. Die Kerzenflammen tanzten aufgeregt, sprangen hin und her, dann verloschen sie. Nicht eisig, sondern bloß kalt und stark war dieser Wind, so wie eine höhere Macht, die das Lebenslicht des Kindes ausgelöscht hatte.

Erschrecken zeichnete die Gesichter. War das ein weiteres Omen, ein böses Zeichen? War der Herr derart zornig auf den Herzog? Denn konnte ein kleines Kind derart gesündigt haben? War er denn kein unschuldiges Kind gewesen?

Schnell stürmten die Soldaten durch den kleinen Weiler, pochten – wo vorhanden – an Türen, schoben – wo vorhanden – in den Eingang gehängte Tücher zur Seite.

»Habt Ihr ein Feuer? Wir tragen des Herzogs Kind und unsere Kerzen sind erloschen.«

»Hier brennt kein Feuer!«, tönte es aus einem finsteren Zimmer. Es war das einzige in der Hütte.

»Hier auch nicht«, rief der Nachbar.

»Habt Ihr ein Kerzlein, Gevatter?«

Der schüttelte den Kopf. Niemand in Hornbach hatte ein Feuer oder wenigstens einen Kienspan, um die Dochte erneut zu entzünden. Kein Kamin brannte, kein Lagerfeuer wärmte die Bauern.

Seufzend kehrten die Soldaten nach und nach zu ihrer traurigen Pflicht zurück. Ein drittes Mal schulterten sie den Sarg, senkten den Blick, warteten, bis die Mönche ihren Hymnus anstimmten, und wandten sich dem Weg zum Kloster zu.

Doch der Gottesmann, der heilige Pirmin, der schon so viele aus misslichster Lage befreit, der einen Mönch gerettet hatte, der in einen Brunnen gefallen, einen Handwerksgesellen, der vom Gerüst gestürzt war, der mit seiner Kraft Dämonen und Teufel verjagt hatte – und er half auch.

Denn mit einem Mal rissen die Wolken auseinander und über den Wolken brannte eine Sonne, so groß und heiß und hell, wie sie noch nie zuvor geschienen hatte, und ihre Strahlen spiegelten sich in den blank polierten goldenen Schilden der Soldaten und schossen in vielerlei Farben auf den Sarg zu. Die Strahlen blitzten auf wie Schwerter aus Licht, als lägen die Sterne am Firmament im Widerstreit. Und die Kraft der heißen Strahlen entzündete die Kerzen wieder, allesamt, und das in genau dem Augenblick, als der Zug eine Kehre im Weg durchschritt und die Bauten des Klosters zum ersten Mal für alle sichtbar waren.

»Alle jene Kerzen«, trug der alte Mönch Buchstabe um Buchstabe auf das Pergament auf, als er seinen Text abschrieb, den er auf einem Stück Birkenrinde notiert hatte, »bekamen auf diese Weise von oben das Licht, sie entzündeten sich und blendeten die Augen aller Betrachter.«

»Ehre sei Gott!«, murmelte ein Soldat ergriffen, der sich die Hände vor die Augen halten musste, damit ihn das Licht der Kerzenflammen nicht schmerzte.

»Ehre sei Gott!«, fielen nun auch die anderen Soldaten ein, aber lauter.

»Ehre sei dem heiligen Pirmin!«, rief laut ein Mönch.

Was die anderen riefen, das übertönte der laute Jubel, der nun erscholl. Dann fielen alle auf die Knie und begannen zu beten. Einige der Soldaten beichteten auf der Stelle, hatten sie doch auf ihren Kriegszügen gen Lothringen auch so manche Kirche geschändet, so manchen Mönch durchbohrt. Diese Sünden wollte nun niemand mehr auf seiner Seele sitzen lassen.

Das Kind wurde noch am gleichen Tage feierlich beigesetzt. Die Soldaten aber erzählten ihrem Herzog, wie ein himmlisches Zeichen die Tugendhaftigkeit des Kindes erwiesen hatte, die Sünde, dessen Strafe der Tod des Söhnchens war, musste also der Vater begangen haben.

Der überlegte nicht lange und traf schon ein paar Tage später in den hoch aufragenden Räumen des Klosters ein. Er beichtete, beglich beim Abt die finanziellen Verluste, die er den Mönchen bereitet hatte, bat um Vergebung seiner falschen Taten und erhielt diese.

Und frohen Mutes kehrte er am nächsten Morgen in seine Festung Stauf zurück, die Mönche aber erzählten von dem wundersamen Licht, das die Dochte entzündet hatte, und jede Generation berichtete der nächsten davon, bis zu diesem Tage, da der alte Mönch die Erzählung für alle Zeiten festhielt.

»Dieses Wunder ließ der allmächtige Gott mit voller Absicht sichtbar geschehen«, endete der Mönch mit den schönsten karolingischen Minuskeln sein Werk, »damit jeder ausdrücklich anerkenne, dass jene Seele, vom Körper befreit, unter den Heiligen ein strahlendes Licht genießt.« Das Licht, im Beisein Gottes ein ewiges Leben zu führen, kein vergängliches, das verlöscht wie eine Kerze im Wind.

***

Das war eines der großen Wunder, die der Heilige getan, der in Hornbach bestattet ist. Herzog Konrad von Kärnten aber war der Onkel des jungen Konrad, der später einmal der salischen Kaiser Konrad II. werden sollte. Ein anderes Wunder hatte sich ein paar knappe Jahre zuvor ereignet.

***

Im Sommer 1009 führte König Heinrich II. einen Feldzug gegen den Bischof von Metz, der gegen ihn rebelliert und ihm die Gefolgschaft verweigert hatte. Selbst wenn ein christlicher König gegen einen Bischof ins Felde zieht, gibt es – vielleicht gerade dann – Soldaten, die sich gottlos verhalten.

So auch hier. Man zerrte einen Mann vor den König, der hatte Schaum vor dem Mund und schlug unbändig und mit solch einer Kraft um sich, dass sich selbst die erfahrensten Krieger duckten. Er fluchte und lästerte Gott und hob seinen Rock hoch, sodass alle sein Geschlecht sahen.

»Das sind die Zeichen des Irrsinns. Der böse Geist ist in ihn gefahren«, murmelten die Soldaten. »Von ihm selbst haben wir gehört, dass er ein Gotteshaus geplündert hat, gemeinsam mit anderen Kriegern, er aber war der Schlimmste von allen.«

»Genau«, schrie der besessene Soldat und spuckte zornig aus. »Ha, und nun sitzt der Teufel in mir und ihr – was wollt ihr tun?«

Mit gemessenen Schritten kam der Abt der Reichenau herbei, der Herr des Tobsüchtigen.

»Ohne Zweifel«, ergriff er das Wort, »erleidet mein Knecht die gerechte und göttliche Strafe. Aber, guter König, wir befinden uns gerade auf dem Rückweg vom Feldzug, unsere Arbeit ist getan und wir lagern in unmittelbarer Nähe des Klosters Hornbach, wo der heilige Pirmin zur letzten Ruhe gebettet wurde. Wenn uns jemand in dieser Sache helfen kann, dann er!«

König Heinrich II. strich sich nachdenklich durch den Bart. »Vom heiligen Pirmin habe auch ich schon viel Wunderbares vernommen, lass uns tun, worum Ihr mich gebeten.«

»So lasse Eure Soldaten meinen Knecht binden. Ich hingegen reite zum Kloster und frage den Abt dort, ob er uns helfen will.«

So ritt der Abt der Reichenau zu seinem Amtsbruder im Kloster Hornbach und ersuchte um eine Unterredung. »Ich vertraue darauf, dass er durch unseren gemeinsamen Patron in der Gnade des Allmächtigen geheilt wird von dem todbringenden Gift der Schlange, das in ihn gefahren ist.«

Man band den jungen Mann, der sich wand wie eine Schlange, und schleppte ihn zu Pirmins Grab im Kloster und legte ihn auf die kalte Platte dort. Dann stellten sich der Abt der Reichenau und der von Hornbach und alle Mönche des Klosters im Kreis um den gefesselten Mann und beteten mit lauter Stimme für ihn.

Und wahrlich – erneut wirkte Pirmin eines seiner vielen zu Recht gepriesenen Wunder, denn der Teufel, der den Mann besessen hatte, fuhr aus und der junge Soldat wurde von seinem Wahnsinn geheilt!

Er soll nie wieder geplündert und den Rest seines Lebens mit größter Sorgfalt auf sein Seelenheil geachtet haben.

Seitdem ruft man den heiligen Pirmin übrigens auch zum Schutz vor Schlangenbissen an.

Richard Löwenherz auf dem Trifels

B ei Annweiler ragt stolz auf einem Sandsteinfelsen die Reichsburg Trifels in die Höhe, wo einst die Reichskleinodien aufbewahrt wurden, flankiert von den Burgen Anebos und Scharfenberg, der sogenannten Münz. In der Festung Trifels hielt der Kaiser einst den englischen König Richard Löwenherz gefangen.

Der englische König Richard Cœur de Lion, zu Deutsch Richard Löwenherz, war von aufbrausendem und ungeduldigem Temperament. Kaum jemand um ihn oder in seiner Nähe, ob Freund oder Feind, den er nicht gegen sich aufgebracht hätte – und das in großem Stil. König wurde er nur, weil er sich mit seinen Brüdern verbündete, seinem Vater den Krieg erklärte, ihn auf dem Felde besiegte und dann in eine Burg sperrte.

Frisch auf dem Thron, machte er sich auf, um am dritten Kreuzzug teilzunehmen. Als die Kreuzfahrer im Jahre 1191 die Stadt Akkon im Heiligen Land einnahmen, ließ Löwenherz kurzerhand die Fahne des eigentlichen Eroberers Leopold von Österreich in den Graben werfen und seine eigene hissen, um den Ruhm zu ernten, der eigentlich einem anderen zustand. Er löste sein Verlöbnis mit der Schwester des französischen Königs Philipp August und befolgte seine Befehle nicht mehr, denen er als des Königs Lehensmann, schließlich war er Herzog mehrerer französischer Herzogtümer, hätte gehorchen müssen. Und nach dem Motto »Viel Feind, viel Ehr« vergrätzte er darauf auch noch den deutschen Kaiser Heinrich VI., den mächtigsten Mann der Welt, indem er sich mit den Normannen in Sizilien und mit Heinrich dem Löwen gegen ihn verschwor.

Als der Kreuzzug geendet hatte, musste sich Löwenherz nach England heimschleichen – überall lauerten Feinde, die er so brüskiert hatte, dass sie ihm übelwollten. Aber Richard wäre nicht Richard gewesen, hätte er nicht selbst dieses Heimschleichen in ein Spektakel mit großem Gefolge verwandelt!

Am Tag des Apostels Thomas, dem 21. Dezember 1192, lagerte er mit seinen Mannen bei Erdberg vor Wien und schickte einen seiner Gefolgsleute in die Stadt, um Essen zu kaufen.

Der Gefolgsmann zahlte mit maurischem Geld und Leopold von Österreich ergriff seine Chance auf Rache und ließ Richard Löwenherz kurzerhand verhaften. Seinen Gefangenen verkaufte er darauf an den deutschen Kaiser, der den englischen König nicht töten, aber zumindest in klingende Münze verwandeln wollte.

Man darf sich diese Gefangenschaft nicht als einen Aufenthalt im düsteren Kerker vorstellen – auch wenn die Sage das tut. Löwenherz lebte standesgemäß das luxuriöse Leben eines Königs, er scherzte mit seinen Wärtern und teilte das Essen mit ihnen. Er sei stets galant und gut gelaunt gewesen, vermelden die Chroniken.

Allerdings wanderte Richard Löwenherz von Kerker zu Kerker, bis sich Heinrich VI. entschieden hatte, welche Summe Lösegeld er von den Engländern für die Freilassung ihres Monarchen verlangen wollte. Löwenherz selbst residierte eigentlich in Frankreich, er hatte sich in seinem ganzen Leben noch keinen Monat lang in England aufgehalten!

Man hätte es den Engländern also nicht vorwerfen können, wenn sie ihren König in Deutschland hätten verrotten lassen. Aber zu seinem Glück hatte König Richard Löwenherz einen Freund, einen guten und echten – den Minnesänger Blondel de Nestes, ein Vasall von König Richard und seinem Herrn wahrlich treu ergeben. Er war, das schildern seine Zeitgenossen, »ein Ritter von beachtlichem Wuchs und schöner Erscheinung«, 22 Jahre alt, und er hatte selbst im Heiligen Land auf einem Kreuzzug gekämpft.

Wo war er nicht überall gewesen und hatte nach seinem Herrn geforscht – zuerst in Österreich, bei der Festung Dürnstein, eine Tagesreise mit dem Schiff auf der Donau vor Wien, später am Main in Ochsenfurt bei Würzburg und nun in der Pfalz, der Mitte des Reiches und an allen Seiten vom Feind umgeben. Vielleicht, so hoffte er, habe ich hier mehr Glück, als er vom Schiff stieg, mit dem er den Rhein nach Süden gefahren war, sich in Speyer ein Pferd mietete und nach Südwesten ritt, auf den Rand der blau schimmernden Berge zu, auf deren höchstem von weithin sichtbar ein roter Zacken aufragte wie eine goldschimmernde Krone, die Reichsburg Trifels, das Zentrum der Macht.

Im Ort – fast nur ein Dorf verglichen mit den riesigen maurischen und sarazenischen Städten, auf die er in den vergangenen Jahren seine Augen legen durfte – stellte er sein Pferd unter. Er trat auf die Gasse vor der Herberge und schaute hoch zu der mächtigen Burg. Über den Bergen kreisten Bussarde und auf jedem Gipfel, so schien es Blondel, stand eine weitere

Burg. Ein Ring aus Festungen und starken Mauern, die den Trifels schützten, der selbst schon wehrhaft genug aussah.

»Dort ist gerade ein hoher Gast!«, raunte ihm im Vorübergehen einer der Einwohner zu. »Ein so hoher Herr, dass niemand wissen darf, um wen es sich handelt! Und die Herren feiern, während wir uns hier den Buckel krumm schuften!«

War er nach all seinen Entbehrungen, nach der ganzen langen Suche, endlich am richtigen Ort? Blondel atmete tief durch. Nun galt, es, die Nerven zu bewahren und stark zu sein – und vor allem: nicht aufzufallen.

Blondel streifte ein einfaches Gewand über und erklomm den steilen Weg zur hoch aufragenden Festung. Er musterte die Burg von Nahem: Mit kriegerischen Mitteln – und er war nur ein Einziger und führte kein Heer, nicht einmal einen gewappneten Gefährten mit sich – war hier überhaupt nichts auszumachen. Die Wände ragten empor wie Felsklippen und der Turm wirkte noch fester als die Wohngebäude. Mürrisch ragte auf jedem Quader ein Buckel heraus, der jeden Pfeil abprallen lassen und fortlenken würde. Die Fenster waren schmal und die ganze Anlage – Blondel musste das anerkennend denken – völlig uneinnehmbar. Sie stand zudem auf einem steil und hoch emporragenden Felsbrocken, den keine Belagerungsleiter überbrücken könnte.

Er musste, wie schon in Österreich und Franken, zu einer List greifen.

»Darf ich hier ein Lied singen?«, bat Blondel höflich an der Pforte zur mächtigen Festung.

»Scher dich fort!«, schimpfte der Torwächter, ein grobschlächtig wirkender Mensch. Was er von der Kampfeskunst nicht wusste, machte er sicher durch bloße Kraft wett. Unnütz, aber im Augenblick unüberwindbar.

»Nur ein Lied ...«, bettelte Blondel.

Der Torwächter schnaubte genervt. »Hat Euch denn jemand Kraut in die Ohren gestopft? Ich sagte: Verschwindet!«

Aber Blondel ließ nicht locker. »Und wenn ich nur eine Strophe ...? Nun, was meint Ihr?«

»Verschwindet!«, brüllte der Torwächter und senkte bedrohlich seine Hellebarde.

Unweigerlich wich Blondel einen Schritt zurück. Mit diesem sturen Kopf, das wurde ihm schnell klar, war nicht gut Kirschen essen. Ging er aber den Weg bergab, war er zu weit von den dicken Burgmauern entfernt, als dass sein Gesang sie hätte durchdringen können.

Es galt also zu handeln, aber schnell! Was wollte denn der ungehobelte Kerl gegen Blondels Wendigkeit und Kampferfahrung schon ausrichten?

Also stellte sich Blondel vor der Pforte auf die Zehenspitzen und sang, ja schmetterte die ersten Zeilen eines höfischen Liedes, das er gemeinsam mit seinem König komponiert und getextet hatte. Laut und deutlich vernehmbar flogen die französischen Worte hoch zur Burg.

Als sich der Pförtner wütend umkehrte und mit seiner Hellebarde auf Blondel zukam, schloss dieser seinen Mund, schwieg und zuckte mit den Schultern.

»Ich singe doch gar nicht«, sagte er dann und lachte laut.

Aber genau zu diesem Zeitpunkt erschollen schon die nächsten beiden Zeilen des Liedes aus einem Fenster hoch oben im Turm. Nur Blondel und König Richard Löwenherz kannten den Text und so wusste Blondel, dass sein Herr in der Burg Trifels gefangen saß.

Wie strahlte da Blondel! Sein König war gefunden! Endlich!

»Jetzt troll dich bloß!«, fauchte der Torwächter. »Mach zu, dass du hier verschwindest und schleunigst Land gewinnst!«

Das ließ sich Blondel kein zweites Mal sagen. Er säumte keine Minuten länger, sondern eilte zurück nach Annweiler, löste sein Ross aus, begab sich auf dem schnellsten Weg zum Rhein, wo er ein Flussschiff bestieg, das ihn bis zur Nordsee brachte, dann setzte er nach England über und unterrichtete den Adel.

Damit wusste England im Februar 1193 endlich, wo sein König steckte, und konnte Schritte zu seiner Befreiung einleiten.

Der Kaiser wollte 150000 Mark in Silber haben, etwa zweimal so viel Geld, wie die englische Krone im Jahr einnahm. Richards Mutter Eleonore von Aquitanien machte zu Geld, was sich zu Geld machen ließ, und zahlte für ihren Sohn. Im Frühjahr 1194 erreichte Löwenherz England, wo in seiner Abwesenheit die Anarchie ausgebrochen war, was Robin Hood zum Rebellen gemacht hatte.

Aber das ist dann schon wieder eine ganz andere Geschichte …

Die Elwetritsche

A ls Brandenburger Connaisseur der Jagd bin ich stets auf der Suche nach neuen Erfahrungen, und da kam mir gerade recht, als ein Bekannter mir erzählte, dass es in der Pfalz einen seltenen Vogel gebe, die Elwetritsche, die noch kein Zoologiebuch erfasst habe und die äußerst rar sei und die man – nach einer entsprechenden Anleitung – auch fangen könne.

Also begab ich mich tief in den Süden und unter die einfachen Leute, die den Landstrich der Pfalz bewohnen, um Jagd auf dieses Wild zu machen.

Ich als Preuße war dort gern gesehen und wurde von den einfachen Einheimischen immer wieder mit einem fröhlich schallenden »Ahgehfort!« oder »Heerblosuff« empfangen, wie »Guten Tag« wohl auf gut Pfälzisch heißt. Das war auch nur zu verständlich, vermochte ich dem ärmlichen Waldvolk doch noch so manches beizubringen, das man in diesem abgelegenen Winkel der Welt noch nicht kannte.

Die Pirsch auf den Vogel Elwetritsch ist im Übrigen nicht so ganz ohne. Zuerst musste ich bei einem erfahrenen Elwetritschenfänger in die Lehre gehen. Der jagdhistorische Teil, den ich zu büffeln hatte wie ein Seminar an der Universität, erläuterte mir, wie in vielen Millionen Jahren sorgsamer Evolution in der brütenden Pfälzer Sommerhitze unter den Sandsteinfelsen des Pfälzerwaldes sich aus der Vermischung von Fasanen, Hühner- und Entenvögeln mit Kobolden die Elwetritschen entwickelten, die man auf Jägerlatein Tetraonidea oder Bestialis Palatinensis nennt.

Heute gilt die Elwetrische als Kulturfolger, man sieht sie in Brunnen mitten in der Neustadter Fußgängerzone, wo sie sich suhlen, ebenso wie an vielen Läden in Dahn oder Landau. Das komplexe Lebensbild der Elwetrische hat sogar zu einer eigenen Fachrichtung geführt, der Tritschologie. Auch wenn sie in den Städten und Dorfrändern fast zu zutraulich geworden ist wie Eichhörnchen oder Spatzen, darf man nie vergessen, dass sie ein gefährliches, wildes Ungetüm ist und Wildschädling dazu. In der freien Wildbahn sei die Elwetritsche, hört man, ein scheues Wild. Sie zu jagen ist eine der letzten großen Herausforderungen, der sich ein Waidmann stellen kann, der schon Afrikanische Elefanten, Nashörner, Sibirische Tiger und Schneemenschen im Himalaja gejagt und zur Strecke gebracht hat.

Sie zu fangen geht so: Zwar gehören die Elwetrischen zu den Raufußhühnern, ihr natürlicher Lebensraum vor allem im Unterholz und unter Rebstöcken hat aber dazu geführt, dass sie ihre Flügel kaum noch gebrauchen können. Sie ernähren sich vorzugsweise von Beeren, Früchten, Nüssen, dem ein oder anderen Kräutlein, wohl vereinzelt von Weintrauben, gelegentlich von einen Wurm und hin und wieder auch von verirrten Touristen, besonders den kleinen und zarten, um die sie dann in bedrohlichen Scharen kreisen. Ihr Nest bauen sie im Unterholz aus Korkenziehern, die sie in der Nähe menschlicher Behausungen entwenden.

Will man sie fangen, muss man sich auf ihr Niveau begeben, also auf den Waldboden. Das geschieht vorzüglich in den dunklen Neumondnächten. Zuvor sollte man, wie mir mein erfahrener Lehrmeister Schorsch gern in seinem drolligen Dialekt versicherte, sich zur Unterdrückung des Eigengeruchs ein oder zwei oder auch drei Schoppen Wein einverleiben, damit das Blut etwas verdünnt fließt.

Ist man so entsprechend präpariert, dann begibt man sich mit einem trichterförmigen Sack, dessen beide Enden offen sind, in den Tann und kauert sich über den Stoff – rechts und links der großen Sacköffnung stellt man Laternen auf, primitive, tranbefeuerte Dinger, wie sie früher in den Ställen hingen. Dann scheuchen die Treiber mit dem lauten Ruf »Tritsch, tritsch!« und harten Schlägen ihrer Stöcke das rare Wild aus seinen Verstecken im dicht wachsenden Gehölz und direkt hinein in die Trichteröffnung. Hat der Waidmann eines der selteneren Hühner im Sack, muss er rasch und ohne zu zögern zuerst die kleine Trichterendung zuhalten, damit der Vogel dort nicht wieder entschlüpft, und dann die große Öffnung des Sacktrichters schließen. Dann hat er die Elwetritsche im wahrsten Sinne des Wortes »im Sack«.

Der Fänger übrigens lockt das Wild selbst noch mit dem schrillen und auf den Menschen lächerlich wirkenden Balzruf des Elwetritsche-Hahns an. Ich musste das immer wieder üben, auch in der Öffentlichkeit, und es muss schon ein vortrefflich witziges Bild gewesen sein, wie ich auf dem Marktplatz in Landau oder in der Fußgängerzone in Annweiler in der Hocke auf dem Boden kauerte und schrill plärrte. Das Schmunzeln der gaffenden Passanten quittierte ich mit Gleichmut, schließlich bin ich ein Mann mit Kultur.

Als ich nun in der sachgerechten Anlage einer Elwetritsche-Falle unterwiesen worden war, ging es endlich – man ahnt förmlich mein Aufatmen – auf die Pirsch. Wir suchten uns, weil es nur dann möglich ist, eine dunkle Nacht aus und gingen in den noch dunkleren Forst bei Dahn.

So schlich ich denn – mit anderen Waidmännern – den dortigen Elwetrischeweg entlang, um dieses Wild aufzuspüren und abzumurksen.

Plötzlich bedeutete mir – auch die anderen Hubertusjünger stammten aus dem Norden, aus Hamburg und Berlin – der gute Schorsch, stillzustehen und abzuwarten.

»Psst«, flüsterte er, »ich denke, da brechen welche durchs Holz!« (Natürlich sagt er das in seinem unnachahmlichen Dialekt.)

Wir stellten uns im Halbkreis auf und platzierten die Laternen jeweils rechts und links unseres Schlauches oder Sackes. Mit höchster Konzentration beugte ich mich über meinen Sack und federte leicht in den Knien. Das war eine Aufregung! Ich bekam eine Gänsehaut.

Schorsch und die anderen Treiber machten sich davon und bald schon hörten wir nur noch ihre »Trisch! Trisch!«-Schreie und das harte Aufprallen der Scheuchknüppel auf den Boden. Das Geräusch schien von überall um uns umher zu kommen, aber wir vernahmen allmählich auch das Trampeln kleiner Füßchen.

Bald war es so weit.

Ich spähte in die Dunkelheit, an die sich meine Augen allmählich gewöhnt hatten, und mir deuchte, ich hätte die bösartigen, kleinen, finster funkelnden Augen einer Elwetrische erspäht, die direkt auf meinen Sack zulief. War es eine, waren es mehrere? Die wüsten Schreie der Treiber und der Wein in meinem Kopf machten mich ganz orientierungslos. Jetzt hieß es: äußerste Konzentration!

Aber leider! Leider! Gerade im entscheidenden Augenblick, als ich die Vogelschar bereits auf mich zutrampeln ahnte und mich angespannt über meinem Sack niederkauerte, den eigenen Bürzel hoch in die Luft gereckt, spürte ich einen starken Schmerz im Allerwertesten! Etwas musste mir einen Tritt gegeben haben, vielleicht der König der Vögel?

Ich kullerte zu Boden. Aber – Gott sei dank! – wenn ich mich umschaute, dann sah ich, dass mein Hamburger und mein Berliner Kollege ebenfalls von einem mächtigen Tritt gefällt worden waren. Das muss wirklich ein ungeheuer großer Elwetrisch gewesen sein, der das vermochte!

Warum aber der Schorsch jedes Mal so hämisch von einem Ohr zum anderen grinst, wenn ich ihm erzähle, wie mir der König der Elwetritschen, ein Vogel mindestens so groß wie ein Strauß, einen scharfen Tritt in den Allerwertesten gegeben hat, und warum er dann immer so träumerisch seinen Fuß betrachtet, das weiß ich nicht zu sagen.

Sie sind eben ein etwas einfach gestricktes und in sich gekehrtes Völkchen, diese Pfälzer!

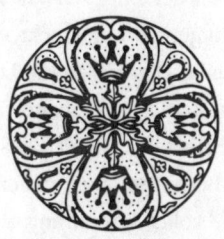

Der Jungfernsprung

A m Fuße des hoch aufragenden Felsens des Jungfernsprungs bei Dahn entspringt eine Quelle, die im Mittelalter der Jungfrau Maria geweiht war – eben ein Jungfernsprung.

Der Volksmund aber vergaß den Ursprung des Namens und erzählte eine andere Geschichte, wie der Fels zu Namen und Quelle gekommen ist.

***

Noch diese Beeren und mein Becher ist voll und ich kann ihn zur Mutter bringen, dachte sich Maria, als sie im Wald bei Dahn Beeren sammelte, damit endlich wieder etwas frisches Obst auf den Tisch kam. Maria und ihre Mutter waren arm, der Vater längst verstorben und die Witwe konnte nur, wenn sie gelegentlich als Magd bei den vermögenderen Bürgern mit einsprang, ein paar Gulden erwirtschaften, die sie so dringend brauchte.

Maria las die Heidelbeeren mit Bedacht – es sollten nur die größten und schönsten sein. Schon war der Becher gefüllt fast bis zum Rand. Noch ein Viertelstündchen, überlegte Maria, und ich kann heim zur Mutter.

Doch zur selben Zeit schlich ein übler Bursche durchs Gebüsch, der Hans Trapp, der wilde und unverschämte Raubritter von der Burg Berwartstein, die sich bei Erlenbach unweit von Dahn auf einem roten Felsenriff gen Himmel reckt.

Dem Hans Trapp war nichts heilig, das wissen die Leute noch heute, und deshalb muss er umgehen bei seiner Burg Berwartstein und an manch anderen Orten der Südpfalz, weil er einfach nicht erlöst werden kann. Selbst der Teufel hat Scheu, ihn in die Hölle zu lassen, damit er dort nicht das Kommando übernimmt. So muss er umgehen bis auf den Jüngsten Tag. Jetzt aber war er noch am Leben und voller Tatendrang, auch wenn keine der Taten, zu denen es ihn drängte, dem Himmel wohlgefällig war. Hans Trapp war lüstern und die Jungfrau zart. Man ahnt den Rest.

Deshalb schlich er sich an die Marie heran und stand unvermittelt vor ihr und versperrte ihr den breiten, schönen Waldweg, der sie nach Hause gebracht hätte. Aber noch stellte er sich harmlos, denn der Teufel kommt ja stets mit zuckersüßer Stimme und spielt die Unschuld.

»Wohin des Weges, schöne Maid?«, fragte er mit dennoch rauem, borstigem Klang, zog seinen Hut mit Feder vom Kopf und machte einen angedeuteten Kratzfuß, der – so lächerlich er auch aussah – seine Wirkung auf die unerfahrene Marie doch nicht verfehlte.

Maria errötete und blickte keusch unter sich, wie es sich für eine Jungfer ziemt.

»Es sind das schöne Röcke, die ihr da tragt«, ergriff Hans Trapp wieder das Wort und zeigte mit einem knochigen Finger auf die Reifröcke, mit denen Marie bekleidet war. »Sind sie Euch denn nicht gar zu viel bei dieser Hitze?«

Marie, immer noch errötet, nach wie vor zu Boden blickend, schüttelte stumm den Kopf.

»Also«, fuhr Hans Trapp fröhlich fort, »mir scheint es, dass mir zu heiß ist und dass ich besser meinen Wams ablege ...« Er griff nach einem Stock, der auf dem Boden lag, piekste damit gegen Maries Rocksaum und versuchte, ihren Rock in die Höhe zu stemmen.

»Mal schauen, ob Eure Beine so hübsch anzusehen sind wie Euer Antlitz ...«

Viel verstand Marie nicht von diesen Dingen, aber eines war ihr bald schon klar: Der Unhold wollte ihre Unschuld rauben.

Jetzt durfte er mehr von ihren Beinen sehen, gerade so, wie er es gewollt hatte – und doch ganz anders. Marie nämlich raffte ihre Röcke, atmete tief durch, sammelte ihre ganze Kraft und lief davon.

Hans Trapp, dem die Gier schon in den Augen stand, warf seinen Wams zur Seite, seinen Hut und seinen Degen und lief ihr hinterher. So sehr Marie ihm auch zu entkommen suchte, so wurde der Abstand zwischen beiden doch ständig geringer. Trapp war ein kräftiger Mann, durchtrainiert, sportlich, schließlich war er Marschall der Kurfürsten von der Pfalz und durfte den französischen Ehrentitel eines Chevalier d'Or tragen. Trapp also war ein Mann, sie nur eine zarte Jungfer, und ihr Schicklichsein hinderte sie zusätzlich. Also kam Hans Trapp immer näher und jetzt rief er ihr auch noch viel unverschämtere Sachen zu als vorher. Seine Worte, so hätte sie jetzt vor jedem Gericht beschworen, waren eindeutig zweideutig.

Marie hatte keine Zeit, sich umzudrehen, weil sie alle Kraft für ihre Flucht benötigte, aber sie hatte schon das Gefühl, dass sie den Raubritter atmen hören konnte und seinen heißen Hauch auch bereist im Nacken spürte.

Da war plötzlich der Wald zu Ende und ein Fels begann.

Marie lief weiter. Sie war längst am Ende ihrer Kräfte angelangt, sie bekam kaum noch Luft und schnaufte schwer.

Und jetzt war auch noch der Fels zu Ende und – gar nichts begann. Vor Marie gähnte bloß ein unendlich tiefer, jäher Abgrund. Sie sah vor sich die rote Felsnase und tief unter sich die roten Dächer des kleinen Dorfes Dahn.

»Halt, bleib stehen«, rief der ungehobelte Klotz.

Der jungen Frau schoss die Röte der Angst in die Wangen. »Bleiben Sie doch stehen, bitte ...«

»Nein, mein Früchtchen! Bald gehörst du mir!«

Sie hatte keine Wahl. Sie konnte entweder in Ehren sterben oder sich dem Ungetüm hingeben. Und das war keine Wahl.

Also schloss sie die Augen, empfahl sich Gott und allen seinen Heiligen – und sprang.

Und da ereignete sich das Wunder. Wie ein Fallschirm öffneten sich ihre Röcke und Marie glitt sanft und wie in Abrahams Schoß zum Boden am Fuße des Felsens, der seitdem zu ihrem Gedenken »der Jungfernsprung« genannt wird. Wo aber ihr Fuß aufkam auf den rettenden Grund, da entsprang ein Quell, der heute noch sprudelt mit klarem, frischem Wasser.

Das Waltharilied

S ie hatten ihre Jugend am Hofe des Hunnenkönigs Etzel verbracht, Walther und Hildegunde, und bei ihnen war Hagen gewesen, der Recke aus Tronje. Walther und Hildegunde hatten ihre Eltern bereits als Kinder miteinander verlobt, sie waren sich also versprochen.
Die Zeit am Hofe des Hunnen wurde ihnen nicht lang, der milde Herrscher behandelte sie
nicht wie die Geiseln, die sie ja waren, sondern liebevoll, als wären sie seine eigenen Kinder.
Als sie das entsprechende Alter erreicht hatten, verlieh er ihnen sogar hohe Ämter in seinem
Staate: Walther und Hagen ernannte er zu Führern seines Heeres, Hildegunde vertraute er
seinen Schatz an.

Alles hätte so schön und gut bleiben können bis an ihr glückliches Ende, da erfuhr der
stets trübsinnige Hagen, dass der Frankenkönigs Gibicho im fernen Westen gestorben sei und
sein Nachfolger Gunther von Franken, der König der Burgunden, nun Etzel den Tribut ver-
weigere. Um Etzels Zorn zuvorzukommen, entschloss er sich zur Flucht.

Als Etzel hörte, dass Hagen von seinem Hofe geflüchtet war, wurde er nicht etwa böse,
sondern versuchte, seine anderen Gäste durch Milde an sich zu binden. Er beriet sich mit seiner Königin und bot daraufhin dem Walther die Hand einer Fürstentochter aus hunnischem
Geschlechte.

Doch Walther, der wie Hagen daran dachte, vom hunnischen Hof zu flüchten, schlug das
großzügige Angebot Etzels aus – und das mit einer erlogenen Begründung: Als verheirateter
Mann und Familienvater sei es ihm unmöglich, sich so sehr dem Dienste am König zu wid-
men wie bisher, deshalb zöge er es vor, unverheiratet zu bleiben.

Während er das sprach, plante er im Geiste schon, wie er zurück ins Frankenreich kommen könne, und zwar mit seiner Verlobten Hildegunde, die er fest in sein Herz geschlossen
hatte.

Einen glanzvollen Sieg erfocht Walther noch für Etzel, dann schlich er sich zu Hildegunde, gestand ihr seine Liebe und erklärt ihr sein Vorhaben. »Wenn du aus dem Schatz des Königs die royale Rüstung, alles für die Reise Nötige sowie zwei Behälter mit Ringen aus Gold
entwendest, so will ich den König und sein Gefolge während unserer Siegesfeier betrunken

machen. Während die Hunnen ihren Rausch ausschlafen und am nächsten Morgen über ihren Kater klagen, sind wir längst über alle Berge, wenn sie merken, dass wir fehlen!«

Gesagt, getan. Während Etzel an seinem Hofe das große Siegesfest feierte, schlichen Walther und Hildegunde aus dem prächtigen Schloss und marschierten ohne Unterlass vierzig Tage und vierzig Nächte lang nach Westen, immer in Richtung der untergehenden Sonne, ihrer Heimat zu.

Und schließlich erreichten sie den Rhein. Ein Fährmann setzte sie über, sie aber entlohnten ihn mit eigentümlichen Fischen, wie man sie nur im Reiche des Königs Etzel findet. Der Fährmann wunderte sich, dann freute er sich und verwandelte die exotischen Tiere in klingende Münze, indem er sie an den Koch am Hofe des Burgundenkönigs Gunther weiterverkaufte.

»Was sind das für seltsame Fische auf meinem Freitagsteller?«, wollte daraufhin der edle Gunther wissen. Der Koch sagte es ihm.

»Man finde heraus, wer diese Menschen sind und woher sie kommen«, entschloss sich darauf Gunther.

»Es waren«, so antwortete der Fährmann, den man darauf in den Palast zu Worms rief, »ein Mann und eine Frau, ein edler, groß gewachsener Recke und eine schöne, zarte Maid, die trugen Gewänder wie die Hunnen. Sie führten schwere Truhen mit sich, die kaum zwei Mann heben konnten, so schwer waren die!«

Hagen, der selbst schon den Hof zu Worms erreicht hatte, erkannte seine ehemaligen Mitgeiseln natürlich sofort.

»Das können nur Walther und Hildegunde sein«, freute sich Hagen und dabei liefen ihm Tränen über die Wangen, »die dem Hunnenkönig ebenfalls entkommen sind. In die Kisten, da müssen sie Gold und Geschmeide hineingepackt haben, das sie von ihm geborgt haben ...«

»Das hieße«, überlegte König Gunther laut, »dass sie Teile der Tributzahlungen mit sich führen, die mein Vorgänger Gibicho an den König der Hunnen zu entrichten hatte. Die will ich wiederhaben. Schließlich bin jetzt ich König der Burgunden, aber ich bin kein Vasall mehr des Hunnenkönigs! Den Hort hol ich mir!«

Da merkte Hagen, dass er mit seiner Erzählung die Geldgier Gunthers geweckt hatte. Aber da war es schon längst zu spät.

»Ich nehme mir zwölf meiner kräftigsten und kampferprobtesten Recken«, sagte Gunther, »darunter wirst auch du sein, mein Recke Hagen. Wir reiten den beiden entgegen und verstellen ihnen den Weg, metzeln sie nieder und schnappen uns den Schatz.«

»Ach, König Gunther«, meinte da Hagen traurig, »das würde ich nicht tun, Ich habe Walther im Kampfe gesehen, er führt ein mächtiges Schert, das nie ruht, bis es nicht Blut getrunken und so manchen kräftigen Mann ins Reich des ewigen Schlafes geschickt hat ...«

»Aber einer gegen zwölf – der hat doch keine Chance ...«

»Du hast ihn, edler König, nie kämpfen gesehen. Ich schon. Wir sollten mit ihm erst einmal über die ganze Sache reden.«

»Schau er zu, Hagen«, zischte da Gunther, der König der Burgunden, »wo sein Platz ist. Ich bin der König, ich befehle und du hast meinen Befehlen zu folgen.«

Da musste Hagen sich fügen.

Walther und Hildegunde befanden sich mittlerweile schon weit südlich von Worms im Dahner Felsenland, dort, wo heute das Dorf Schönau liegt, und unterhalb der Burg Wasigenstein im Wasgenwald. Hier sollte es zu einer blutigen Schlacht kommen, von der noch die Kinder der Kindeskinder sich erzählten.

»Schnell, wach auf, Geliebter«, flüsterte Hildegunde nämlich, als sie während der Nachtruhe das Getrappel von Hufen hörte. »Da kommt jemand.«

»Das müssen die Hunnen sein«, antwortete Walther, ebenso leise. »Sie haben uns bis hierher verfolgt und wollen nun ihr Geschmeide wiederhaben.«

Er hob den Kopf vom Lager, schlich durchs Unterholz und erspähte Gunthers Recken. »Das sind gar keine Hunnen, das sind Burgunden!«

Da entdeckten die Mannen auch schon das lagernde Paar und riefen laut: »Im Auftrag des Königs, gebt her euren Hort!«

Walther eilte zu einem Bergpass, den er am Tage schon bemerkt hatte und der ihm von seiner Lage aus günstig schien, und in voller Zuversicht zu seiner Stärke und Kampfkraft verhöhnte er die Burgunden: »Kommt doch, wenn ihr euch traut. Glaubt ihr, ich habe Angst vor euch, wenn ich mich nicht einmal vorm mächtigsten Kaiser der Hunnen fürchte?«

Aber kaum hatte er diese Worte gesprochen, da reuten sie ihn schon, schließlich waren das da Franken und Christenmenschen wie er. »Oh Gott, vergib mir meinen Hochmut«, betete er still, dann versuchte er, den Hort brüderlich zu teilen. »Also gut«, hallte er den Recken aus Worms entgegen, »ich gebe euch hundert Armreife und ihr zeigt euch zufrieden und lasst uns ziehen!«

»Ich würde das tun«, flüsterte Hagen König Gunther ins Ohr, denn er war der Ansicht, das sei ein gutes Angebot. Aber König Gunther blieb stur: »Greift sie an und vernichtet sie!«, schrie er. Dann dreht er sich zu Hagen: »Einer gegen zwölf – und du fürchtest dich! Du bist ja ein solcher Feigling!«

Da trat Hagen einen Schritt zurück, setzt sich auf einen Baumstumpf und beschloss, sich aus dem Kampf herauszuhalten, zumindest, bis ihn der König an seine Gehorsamspflicht erinnerte.

Einer nach dem anderen der nun nur noch elf Recken Gunthers stürmte jetzt auf den Engpass zu. Walther, der hinter den blutroten Felsen Deckung fand und ein erprobter Kriegsherr war, fällte sie mit Leichtigkeit, so wie ein scharfes Schwert dürres Reisig durchtrennt. Schließlich kam auch der elfte Recke herangestürmt, Patafried, der Neffe Hagens. Walther hatte Mitleid mit dem jungen Mann und wollte ihn vom Kampfe abhalten, auch Hagen hatte ihm dazu geraten. Doch der Junge wollte nicht hören und war der Letzte der elf, der sein Leben aushauchte, durchbohrt vom Schwerte Walthers.

Jetzt begriff König Gunther endlich, in welche Gefahr er sich begeben hatte – elf seiner zwölf stärksten Mannen lagen dahingeschlachtet im Laub des Wasgenwaldes.

»Ich flehe dich an, Hagen«, sagte er, »ich bitte dich, nicht als König, sondern als dein Freund. Beende deinen Zorn, stehe mir wieder bei, ergreife dein Schwert und lass uns diese Tragödie beenden! Sie war meine Schuld, meine Schuld allein.«

»Nun«, antwortete Hagen, »da ich dir den Treueeid geschworen habe, so muss und werde und will ich dir folgen. Ich tue es nicht, um meinen Neffen zu rächen, denn er starb im ehrlichen Gefechte. Wenn ich mit dir ziehe, so nur, um deine Ehre wiederherzustellen, König Gunther. Wir müssen nun schlau vorgehen, um Walther aus seiner Deckung zu locken, denn in den Felsen werden wir ihn nicht erreichen. Wir müssen ihn dazu bringen, sich uns in der Ebene zu stellen.«

Gunther, Hagen und Walther waren ebenbürtige Kämpfer und die Ehre gebot, dass keiner den anderen schonte, so sehr auch Walther und Hagen Freunde gewesen. Im harten, scharfen, heißen Streit schlug Walther dem Gunther ein Bein ab und als Hagen zu seinem König eilte, da stach ihm Walther das rechte Auge aus, die rechte Schläfe, die reche Lippe und sechs seiner Backenzähne. Hagen wiederum hieb dem Walther die rechte Hand ab.

Die Schmerzen dieser Wunden brachten die Rasenden zur Vernunft.

»Na, willst du mir nicht die Hand geben?«, spottete Hagen über Walther und Walther gab zurück: »Schau du mir erst mal in die Augen!«

Da lachten beide und krochen aufeinander zu und fielen sich in die Arme und waren froh, am Leben geblieben und Freunde geblieben zu sein. Die holde Hildegunde verband die Wunden der Recken mit rotem Wein und Hagen zog mit Gunther zurück gen Worms. Walther und Hildegunde reisten weiter in Walthers Heimat Aquitanien und heirateten daselbst … und wurden König und Königin und endlich glücklich bis ans Ende ihrer Tage.

Die schöne Pfalz: Wo die Sagen und Legenden beheimatet sind

Westpfalz

1 Landstuhler Bruch – Die Irrlichter im Landstuhler Bruch
2 Landstuhler Bruch – Wie der Tabak zu seinem Namen kam
3 Kusel – Die Wildfrau von Kusel
4 Burg Nanstein – Die Sickinger Würfel
5 Kaiserslautern – Kaiser Friedrich in Kaiserslautern
6 Kaiserslautern – Die Schlangenkönigin vom Vogelwoog
7 Trippstadt – Die unglücklich Verliebten
8 Waldleiningen – Die Weltachse in Waldleiningen
9 Fehrbach und Rodalben – Maria in Fehrbach und Rodalben

Nordpfalz

10 Eisenberg – Die »unverwesliche Hand« von Eisenberg
11 Imsbach – Der verwunschene Jäger von Imsbach
12 Imsbach – Der Schatz von Burg Hohenfels am Donnersberg
13 Winnweiler – Die Legende vom Hochsteiner Kreuz
14 Winnweiler – Der rasende Bruder bei Burg Falkenstein
15 Ruppertsecken – Was die Burgfrau tragen konnte …
16 Neuleiningen – Die Geisterschlacht
17 Altleinigen – Der Junker von Randegg

Vorderpfalz und Haardt

18 Erfenstein – Die lederne Brücke zwischen Erfenstein und Spangenberg
19 Diedesheim – Der Schatz vom Studerbild
20 Elmstein-Iggelbach – Der Bordehut vom Jagdhaus Iggelheim
21 Bad Dürkheim – Der Drachenfels bei Bad Dürkheim
22 Neustadt – Der Riese Erkenbrecht
23 Ludwigshafen-Oggersheim – Die Hexe von Oggersheim
24 Mutterstadt – Das Keltermännchen
25 Speyer – Die Kaiser von Speyer

Südpfalz

26 Leimersheim – Die Geschichte vom Schmugglerkreuz von Leimersheim
27 Wörth am Rhein – Die Zwerge von Wörth
28 Burrweiler – Die Seselschlacht von Burrweiler
29 Kloster Hornbach – Die Legenden des heiligen Pirmin, erinnert im Kloster Hornbach
30 Annweiler – Richard Löwenherz auf dem Trifels
31 Dahn – Die Elwetritsche
32 Dahn – Der Jungfernsprung
33 Schönau – Das Waltharilied

Karte

~

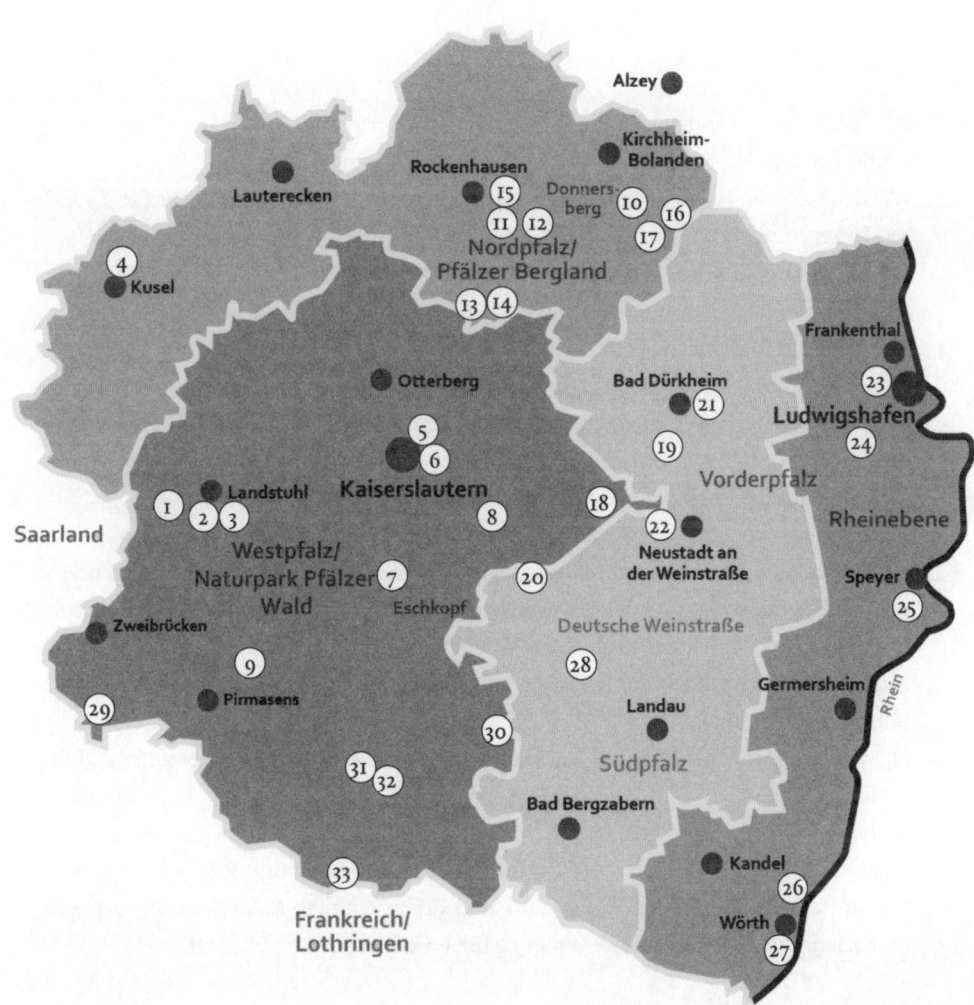

Quellennachweis

Westpfalz

1   Die Irrlichter im Landstuhler Bruch, nach: Ernst Christmann in der Oberdeutsche Zeitschrift für Volkskunde, Bände 10–12, Verlag Konkordia, 1936, S. 173

2   Wie der Tabak zu seinem Namen kam, nach: Helmut Seebach: Sagen in der Pfalz – Geister, Hexen, Teufel

3   Die Wildfrau von Kusel, nach: Hans Wagner: Die Wildfrau von Kusel. http://www.heimat-pfalz.de/maerchen-und-sagen-158/868-die-wildfrau-von-kusel.html

4   Sickingens Würfel, nach: F. W. Hebel: Pfälzische Sagen. BoD: Salzwasser Verlag, 2011 (Nachdruck des Originals von 1906), S. 147–148

5   Sage vom Hecht: Kaiser Friedrich in Kaiserslautern, nach: F. W. Hebel: Pfälzisches Sagenbuch. 1912, S. 262; Sage vom Blutacker: An Deutschlands schönsten Gau: Die malerische und romantische Rheinpfalz. Gottschick, 1850, S. 19

6   Die Schlangenkönigin vom Vogelwoog, nach: Hans Wagner: Die Schlangenkönigin vom Vogelwoog und das Hütterer Mädchen. http://www.heimat-pfalz.de/maerchen-und-sagen-158/858-die-schlangenkoenigin-vom-vogelwoog-und-das-huetterer-maedchen.html

7   Die unglücklich Verliebten, nach: Hans Wagner: Das Ritterfräulein und der junge Schäfer. http://www.heimat-pfalz.de/maerchen-und-sagen-158/877-das-ritterfraeulein-und-der-junge-schaefer.html

8   Die Weltachse in Waldleiningen, nach: Paul Münch: Die pälzisch Weltgeschicht. Edition Tintenfaß, 2004

9   Maria in Fehrbach und Rodalben, nach: Gottfried Hierzenberger/Otto Nedomansky: Erscheinungen und Botschaften der Gottesmutter Maria. Augsburg: Pattloch, 1993, S. 365, 381, sowie Monique Scheer: Rosenkranz und Kriegsvisionen: Marienerscheinungskulte im 20. Jahrhundert. Tübinger Vereinigung für Volkskunde, 2006, S. 194 ff.

Nordpfalz

10 Die »unverwesliche Hand« von Eisenberg, nach: Johann Schiller, Sickinger Bote, 1853

11 Der verwunschene Jäger von Imsbach, nach: Viktor Carl: Pfälzer Sagen

12 Der Schatz von Burg Hohenfels am Donnersberg, nach: Alexander Schöppner: Sagen-
    buch der bayrischen Lande, 1852

13 Die Legende vom Hochsteiner Kreuz, nach: Fred Weinmann: Kultmale der Pfalz, S. 54 f.

14 Der rasende Bruder bei Burg Falkenstein, nach: Peter Gärtner: Geschichte der bayerisch-
    rheinpfälzischen Schlösser und der dieselben ehemals besitzenden Geschlechter: nebst
    der sich daran knüpfenden romantischen Sagen. 2 Bände, Speyer, 1855, und Victor Carl:
    Pfälzer Sagen. Band III. Neustadt/Weinstraße: Pfälzer Verlagsanstalt, 1976, S. 336

15 Was die Burgfrau tragen konnte ... nach: Viktor Carl: Pfälzer Sagen und Legenden, Eden-
    koben, 2000

16 Die Geisterschlacht, nach: F. W. Hebel: Pfälzische Sagen. 1906, S. 53–56

17 Der Junker von Randegg, nach: F. W. Hebel: Pfälzische Sagen. 1906, S. 51–53

Vorderpfalz und Haardt

18 Erfenstein und Spangenberg, nach: Peter Gärtner: Geschichte der bayerisch-rheinpfälzischen Schlösser und der dieselben ehemals besitzenden Geschlechter: Nebst der sich daran knüpfenden romantischen Sagen, Band 2. Speyer: G. L. Lang, 1855, S. 164–165

19 Der Schatz vom Studerbild, nach: Fred Weinmann: Kultmale der Pfalz. Speyer: Pilger, 1975, S. 103 f.

20 Der Bordehut vom Jagdhaus Iggelbach, nach: Walter Eitelmann: Rittersteine im Pfälzerwald. W. Gräber: Neustadt/Weinstraße, 1986, S. 79, und Ortsbegehung

21 Der Drachenfels bei Bad Dürkheim, nach Friedrich Panzer: Bayerische Sagen und Bräuche: Beitrag zur deutschen Mythologie, Band 1. C. Kaiser, 1848, S. 205; und F. W. Hebel: Pfälzische Sagen, Salzwasser-Verlag, 2011, S. 64

22 Der Riese Erkenbrecht, nach http://pfaelzersagen.wordpress.com/2011/08/09/der-riese-erkenbrecht/

23 Die Hexe von Oggersheim, nach Victor Carl: Pfälzer Sagen. Band III. Neustadt/Weinstraße: Pfälzer Verlagsanstalt, 1976, S. 96

24 Das Keltermännchen, nach: nmö: Geizige Hausfrau vertreibt für immer gute Geister. Die Rheinpfalz, 3. März 2007

25 Die Kaiser von Speyer, nach: Wolfgang Müller von Königswinter: Balladen und Romanzen. Verlag von J. H. C. Schreiner, Düsseldorf, 1842, S. 53–56.

Südpfalz

26 Die Geschichte vom Schmugglerkreuz von Leimersheim, nach: Fred Weinmann: Kultmale der Pfalz. Speyer: Pilger, 1975, S. 48 f., und http://www.kulturkreis-leimersheim.de/schmugglerfest/geschichte.html. Der Brief ist frei gestaltet und hält sich nur an die grundlegenden historischen Fakten, eng aber an die Sage.

27 Die Zwerge von Wörth, nach: M. Bader, A. Ritter und A. Schwarz: Wörth am Rhein – Ortchronik. Band 1. Wörth: Stadt Wörth,1983, S. 60 ff.

28 Die Seselschlacht von Burrweiler, nach: Fred Weinmann: Kultmale der Pfalz. Speyer: Pilger, 1975, S. 15 f.

29 Legenden des heiligen Pirmin, nach: Dr. Modestus Jocham: BAVARIA SANCTA – Leben der Heiligen und Seligen des Bayerlandes zur Belehrung und Erbauung für das christliche Volk. Freising, 1861; die Wunder nach: Miracula Sancta Pirminii Hornbacensia. Des heiligen Pirmins Wunder von Hornbach. übersetzt und kommentiert von Kurt Schöndorf und Ernst Wenzel. in: Archiv für mittelrheinische Kirchengeschichte 60 (2008), S. 273–291

30 Richard Löwenherz auf dem Trifels, nach: Régine Pernoud: Der Abenteurer auf dem Thron. Richard Löwenherz, König von England. dtv: München, 1996, S. 215 ff.

31 Die Elwetritsche (anlässlich des Elwetrische-Lehrpfads in Dahn), frei gestaltet.

32 Der Jungfernsprung, nach: August Becker: Die Pfalz und die Pfälzer. 1857

33 Das Waltharilied, nach: Gotthold Bötticher: Hildebrandlied und Waltharilied, nebst den »Zaubersprüchen« und »Muspilli« als Beigaben. Denkmäler der älteren deutschen Literatur, Band 1. Verlag der Buchhandlung des Weisenhauses, 1905

Ebenfalls im Regionalia Verlag erschienen:

ISBN 978-3-939722-39-7

ISBN 978-3-939722-31-1

ISBN 978-3-939722-89-2

ISBN 978-3-95540-118-4

Jeweils 128 Seiten • 16,5 × 19,8 cm • Hardcover